RECETAS TRADICIONALES ESPAÑOLAS
2022

RECETAS DE LA COMIDA SANA

ALEJANDRA PES

No se permite la reproducción total o parcial de este libro,

ni su incorporación a un sistema informático, ni su transmisión

en cualquier forma o por cualquier medio, sea éste electrónico,

mecánico, por fotocopia, por grabación u otros métodos,

sin el permiso previo y por escrito del editor. La infracción

de los derechos mencionados puede ser constitutiva de delito

contra la propiedad intelectual (Art. 270 y siguientes

del Código Penal)

TABLA DE CONTENIDO

RECETAS TRADICIONALES ESPAÑOLAS 2022 1

RECETAS DE LA COMIDA SANA 1

SALMOREJO CORDOBÉS 29

    INGREDIENTES 29

    ELABORACIÓN 29

    TRUCO 29

SOPA DE CEBOLLA 30

    INGREDIENTES 30

    ELABORACIÓN 30

    TRUCO 30

MINESTRONE 31

    INGREDIENTES 31

    ELABORACIÓN 31

    TRUCO 32

BISQUE DE BOGAVANTE 33

    INGREDIENTES 33

    ELABORACIÓN 33

    TRUCO 34

MENESTRA DE VERDURAS 35

    INGREDIENTES 35

    ELABORACIÓN 35

    TRUCO 36

ACELGAS A LA CASERA 37

    INGREDIENTES 37

- ELABORACIÓN 37
- TRUCO 37

PASTEL DE CALABACÍN Y SALMÓN 38
- INGREDIENTES 38
- ELABORACIÓN 38
- TRUCO 38

ALCACHOFAS CON CHAMPIÑONES Y PARMESANO 39
- INGREDIENTES 39
- ELABORACIÓN 39
- TRUCO 40

BERENJENAS MARINADAS 41
- INGREDIENTES 41
- ELABORACIÓN 41
- TRUCO 41

REVUELTO DE HABITAS BABY CON JAMÓN SERRANO 42
- INGREDIENTES 42
- ELABORACIÓN 42
- TRUCO 42

TRINXAT 43
- INGREDIENTES 43
- ELABORACIÓN 43
- TRUCO 43

BRÓCOLI GRATINADO CON BEICON Y SALSA AURORA 44
- INGREDIENTES 44
- ELABORACIÓN 44
- TRUCO 44

CARDOS CON GAMBAS Y ALMEJAS EN SALSA VERDE 45
    INGREDIENTES 45
    ELABORACIÓN 45
    TRUCO 46

CEBOLLA CARAMELIZADA 47
    INGREDIENTES 47
    ELABORACIÓN 47
    TRUCO 47

CHAMPIÑONES RELLENOS CON JAMÓN SERRANO Y SALSA PESTO 48
    INGREDIENTES 48
    ELABORACIÓN 48
    TRUCO 48

COLIFLOR AL AJOARRIERO 49
    INGREDIENTES 49
    ELABORACIÓN 49
    TRUCO 49

COLIFLOR GRATINADA 50
    INGREDIENTES 50
    ELABORACIÓN 50
    TRUCO 50

DUXELLE 51
    INGREDIENTES 51
    ELABORACIÓN 51
    TRUCO 51

ENDIBIAS CON SALMÓN AHUMADO Y CABRALES 52

INGREDIENTES	52
ELABORACIÓN	52
TRUCO	52

LOMBARDA A LA SEGOVIANA 53
INGREDIENTES	53
ELABORACIÓN	53
TRUCO	53

ESCALIBADA 54
INGREDIENTES	54
ELABORACIÓN	54
TRUCO	55

GUISANTES A LA FRANCESA 56
INGREDIENTES	56
ELABORACIÓN	56
TRUCO	56

ESPINACAS A LA CREMA 57
INGREDIENTES	57
ELABORACIÓN	57
TRUCO	57

HABITAS BABY CON BUTIFARRA BLANCA 58
INGREDIENTES	58
ELABORACIÓN	58
TRUCO	58

JUDÍAS VERDES CON JAMÓN 59
INGREDIENTES	59
ELABORACIÓN	59

TRUCO 59
MENESTRA DE CORDERO 60
    INGREDIENTES 60
    ELABORACIÓN 60
    TRUCO 61
MILHOJAS DE BERENJENAS CON QUESO DE CABRA, MIEL Y CURRY 62
    INGREDIENTES 62
    ELABORACIÓN 62
    TRUCO 62
PASTEL DE ESPÁRRAGOS BLANCOS Y SALMÓN AHUMADO 63
    INGREDIENTES 63
    ELABORACIÓN 63
    TRUCO 63
PIMIENTOS DEL PIQUILLO RELLENOS DE MORCILLA CON SALSA DE MOSTAZA DULCE 64
    INGREDIENTES 64
    ELABORACIÓN 64
    TRUCO 64
CARDOS CON SALSA DE ALMENDRAS 65
    INGREDIENTES 65
    ELABORACIÓN 65
    TRUCO 66
PISTO 67
    INGREDIENTES 67

ELABORACIÓN 67
TRUCO 67
PUERROS CON VINAGRETA DE HORTALIZAS 68
INGREDIENTES 68
ELABORACIÓN 68
TRUCO 68
QUICHE DE PUERROS, BEICON Y QUESO 69
INGREDIENTES 69
ELABORACIÓN 69
TRUCO 69
TOMATES A LA PROVENZAL 70
INGREDIENTES 70
ELABORACIÓN 70
TRUCO 70
CEBOLLAS RELLENAS 71
INGREDIENTES 71
ELABORACIÓN 71
TRUCO 71
SETAS A LA CREMA CON NUECES 72
INGREDIENTES 72
ELABORACIÓN 72
TRUCO 72
PASTEL DE TOMATE Y ALBAHACA 73
INGREDIENTES 73
ELABORACIÓN 73
TRUCO 73

GUISO DE PATATAS CON POLLO AL CURRY 74
- INGREDIENTES 74
- ELABORACIÓN..74
- TRUCO 75

HUEVOS PASADOS POR AGUA 76
- INGREDIENTES 76
- ELABORACIÓN..76
- TRUCO 76

PATATAS A LA IMPORTANCIA 77
- INGREDIENTES 77
- ELABORACIÓN..77
- TRUCO 77

HUEVOS MOLLET CON BOLETUS 78
- INGREDIENTES 78
- ELABORACIÓN..78
- TRUCO 79

BRAZO DE PATATA Y PESCADILLA 80
- INGREDIENTES 80
- ELABORACIÓN... 80
- TRUCO 81

TORTILLA DE APROVECHAMIENTO DEL COCIDO (ROPA VIEJA)..82
- INGREDIENTES 82
- ELABORACIÓN..82
- TRUCO 82

PATATAS RELLENAS DE SALMÓN AHUMADO, BEICON Y BERENJENA 83

    INGREDIENTES 83

    ELABORACIÓN 83

    TRUCO 83

CROQUETAS DE PATATA Y QUESO 84

    INGREDIENTES 84

    ELABORACIÓN 84

    TRUCO 84

BUENAS PATATAS FRITAS 85

    INGREDIENTES 85

    ELABORACIÓN 85

    TRUCO 85

HUEVOS A LA FLORENTINA 86

    INGREDIENTES 86

    ELABORACIÓN 86

    TRUCO 86

GUISO DE PATATAS CON RAPE Y GAMBAS 87

    INGREDIENTES 87

    ELABORACIÓN 87

    TRUCO 88

HUEVOS A LA FLAMENCA 89

    INGREDIENTES 89

    ELABORACIÓN 89

    TRUCO 89

TORTILLA PAISANA 90

- INGREDIENTES 90
- ELABORACIÓN 90
- TRUCO 90

HUEVOS AL HORNO CON SALCHICHAS Y MOSTAZA 91
- INGREDIENTES 91
- ELABORACIÓN 91
- TRUCO 91

TORTILLA DE PATATAS EN SALSA 92
- INGREDIENTES 92
- ELABORACIÓN 92
- TRUCO 93

PURRUSALDA 94
- INGREDIENTES 94
- ELABORACIÓN 94
- TRUCO 94

PATATAS PANADERAS 95
- INGREDIENTES 95
- ELABORACIÓN 95
- TRUCO 95

REVUELTO DE CHAMPIÑONES 96
- INGREDIENTES 96
- ELABORACIÓN 96
- TRUCO 96

HUEVOS AL PLATO CON ANCHOAS Y ACEITUNAS 97
- INGREDIENTES 97
- ELABORACIÓN 97

TRUCO 97
PATATAS A LA CREMA CON BEICON Y PARMESANO 98
    INGREDIENTES 98
    ELABORACIÓN 98
    TRUCO 98
HUEVOS COCIDOS 99
    INGREDIENTES 99
    ELABORACIÓN 99
    TRUCO 99
PAPAS ARRUGÁS 100
    INGREDIENTES 100
    ELABORACIÓN 100
    TRUCO 100
HUEVOS ESCALFADOS CON CHAMPIÑONES, GAMBAS Y TRIGUEROS 101
    INGREDIENTES 101
    ELABORACIÓN 101
    TRUCO 102
REVUELTO DE PATATA CON CHORIZO Y PIMIENTO VERDE 103
    INGREDIENTES 103
    ELABORACIÓN 103
    TRUCO 103
PATATAS A LO POBRE 104
    INGREDIENTES 104
    ELABORACIÓN 104

TRUCO 104
HUEVOS ESCALFADOS GRAN DUQUE 105
    INGREDIENTES 105
    ELABORACIÓN 105
    TRUCO 105
PATATAS CON COSTILLAS 106
    INGREDIENTES 106
    ELABORACIÓN 106
    TRUCO 106
HUEVOS FRITOS EMPANADOS 107
    INGREDIENTES 107
    ELABORACIÓN 107
    TRUCO 107
PATATAS AVELLANAS 108
    INGREDIENTES 108
    ELABORACIÓN 108
    TRUCO 108
HUEVOS MOLLET 109
    INGREDIENTES 109
    ELABORACIÓN 109
    TRUCO 109
PATATAS A LA RIOJANA 110
    INGREDIENTES 110
    ELABORACIÓN 110
    TRUCO 110
PATATAS CON SEPIA 111

INGREDIENTES 111

ELABORACIÓN 111

TRUCO 111

TORTILLA DE GAMBAS AL AJILLO 112

INGREDIENTES 112

ELABORACIÓN 112

TRUCO 112

PATATAS GUISADAS CON BACALAO 113

INGREDIENTES 113

ELABORACIÓN 113

TRUCO 113

PURÉ DE PATATA 114

INGREDIENTES 114

ELABORACIÓN 114

TRUCO 114

TORTILLA DE HABAS CON MORCILLA 115

INGREDIENTES 115

ELABORACIÓN 115

TRUCO 115

REVUELTO DE AJETES Y TRIGUEROS 116

INGREDIENTES 116

ELABORACIÓN 116

TRUCO 116

PATATAS GUISADA CON NÍSCALOS 117

INGREDIENTES 117

ELABORACIÓN 117

- TRUCO 117
- **TORTILLA DE BOLETUS Y GAMBAS** 118
  - INGREDIENTES 118
  - ELABORACIÓN 118
  - TRUCO 118
- **HUEVOS GRATINADOS** 119
  - INGREDIENTES 119
  - ELABORACIÓN 119
  - TRUCO 119
- **TORTILLA DE CALABACÍN Y TOMATE** 120
  - INGREDIENTES 120
  - ELABORACIÓN 120
  - TRUCO 120
- **PATATAS REVOLCONAS CON TORREZNOS** 121
  - INGREDIENTES 121
  - ELABORACIÓN 121
  - TRUCO 121
- **TORTILLA DE CHAMPIÑONES Y PARMESANO** 122
  - INGREDIENTES 122
  - ELABORACIÓN 122
  - TRUCO 122
- CONEJO AL CHOCOLATE CON ALMENDRAS TOSTADAS 123
  - INGREDIENTES 123
  - ELABORACIÓN 123
  - TRUCO 124

CRIADILLAS DE CORDERO EMPANADAS A LAS FINAS HIERBAS 125
- INGREDIENTES 125
- ELABORACIÓN 125
- TRUCO 125

ESCALOPE A LA MILANESA 126
- INGREDIENTES 126
- ELABORACIÓN 126
- TRUCO 126

ESTOFADO DE CARNE A LA JARDINERA 127
- INGREDIENTES 127
- ELABORACIÓN 127
- TRUCO 128

FLAMENQUINES 129
- INGREDIENTES 129
- ELABORACIÓN 129
- TRUCO 129

FRICANDÓ DE TERNERA 130
- INGREDIENTES 130
- ELABORACIÓN 130
- TRUCO 131

GACHAS CON CHORIZO Y SALCHICHAS 132
- INGREDIENTES 132
- ELABORACIÓN 132
- TRUCO 133

LACÓN CON GRELOS 134

INGREDIENTES 134

ELABORACIÓN 134

TRUCO 135

HÍGADO DE TERNERA EN SALSA DE VINO TINTO 136

INGREDIENTES 136

ELABORACIÓN 136

TRUCO 137

LIEBRE ESTOFADA 138

INGREDIENTES 138

ELABORACIÓN 138

TRUCO 139

LOMO DE CERDO AL MELOCOTÓN 140

INGREDIENTES 140

ELABORACIÓN 140

TRUCO 140

MAGRO ENTOMATADO 141

INGREDIENTES 141

ELABORACIÓN 141

TRUCO 141

MANITAS DE CERDO ESTOFADAS 142

INGREDIENTES 142

ELABORACIÓN 142

TRUCO 143

MIGAS 144

INGREDIENTES 144

ELABORACIÓN 144

TRUCO 144
LOMO DE CERDO RELLENO 145
    INGREDIENTES 145
    ELABORACIÓN 145
    TRUCO 146
TERNERA A LA CARBONARA 147
    INGREDIENTES 147
    ELABORACIÓN 147
    TRUCO 148
MOLLEJAS DE CORDERO CON BOLETUS 149
    INGREDIENTES 149
    ELABORACIÓN 149
    TRUCO 150
OSSOBUCO DE TERNERA A LA NARANJA 151
    INGREDIENTES 151
    ELABORACIÓN 151
    TRUCO 152
SALCHICHAS AL VINO 153
    INGREDIENTES 153
    ELABORACIÓN 153
    TRUCO 153
PASTEL DE CARNE INGLÉS 154
    INGREDIENTES 154
    ELABORACIÓN 154
    TRUCO 155
REDONDO DE TERNERA BRASEADO 156

INGREDIENTES	156
ELABORACIÓN	156
TRUCO	157
RIÑONES AL JEREZ	158
INGREDIENTES	158
ELABORACIÓN	158
TRUCO	159
OSSOBUCO A LA MILANESA	160
INGREDIENTES	160
ELABORACIÓN	160
TRUCO	161
SECRETO IBÉRICO CON SALSA CHIMICHURRI CASERA	162
INGREDIENTES	162
ELABORACIÓN	162
TRUCO	163
VITELLO TONNATO	164
INGREDIENTES	164
ELABORACIÓN	164
TRUCO	165
RABO DE TORO	166
INGREDIENTES	166
ELABORACIÓN	166
TRUCO	167
BROWNIE	168
INGREDIENTES	168
ELABORACIÓN	168

TRUCO 168
SORBETE DE LIMÓN A LA MENTA 169
    INGREDIENTES 169
    ELABORACIÓN 169
    TRUCO 169
ARROZ CON LECHE ASTURIANO 170
    INGREDIENTES 170
    ELABORACIÓN 170
    TRUCO 170
CUAJADA CASERA CON MIEL Y NUECES 171
    INGREDIENTES 171
    ELABORACIÓN 171
    TRUCO 171
BISCUIT DE CAFÉ 172
    INGREDIENTES 172
    ELABORACIÓN 172
    TRUCO 172
TARTA DE MANZANA AMERICANA 173
    INGREDIENTES 173
    ELABORACIÓN 173
    TRUCO 174
BIZCOCHO DE SOLETILLA 175
    INGREDIENTES 175
    ELABORACIÓN 175
    TRUCO 175
PROFITEROLES 176

INGREDIENTES 176

　　ELABORACIÓN 176

　　TRUCO 176

TARTA TATIN DE MANZANA 177

　　INGREDIENTES 177

　　ELABORACIÓN 177

　　TRUCO 177

MOUSSE DE CHOCOLATE BLANCO Y NARANJA 178

　　INGREDIENTES 178

　　ELABORACIÓN 178

　　TRUCO 178

CREMA DE NARANJA 179

　　INGREDIENTES 179

　　ELABORACIÓN 179

　　TRUCO 179

BIZCOCHO DE YOGUR 180

　　INGREDIENTES 180

　　ELABORACIÓN 180

　　TRUCO 180

COMPOTA DE PLÁTANO AL ROMERO 181

　　INGREDIENTES 181

　　ELABORACIÓN 181

　　TRUCO 181

CRÈME BRÛLÉE 182

　　INGREDIENTES 182

　　ELABORACIÓN 182

TRUCO 182
BRAZO DE GITANO RELLENO DE NATA 183
    INGREDIENTES 183
    ELABORACIÓN 183
    TRUCO 183
FLAN DE HUEVO 184
    INGREDIENTES 184
    ELABORACIÓN 184
    TRUCO 184
GELATINA DE CAVA CON FRESAS 185
    INGREDIENTES 185
    ELABORACIÓN 185
    TRUCO 185
BUÑUELOS DE VIENTO 186
    INGREDIENTES 186
    ELABORACIÓN 186
    TRUCO 186
COCA DE SAN JUAN 187
    INGREDIENTES 187
    ELABORACIÓN 187
    TRUCO 188
COPA DE COMPOTA DE PERA CON QUESO MASCARPONE 189
    INGREDIENTES 189
    ELABORACIÓN 189
    TRUCO 190
COULANT DE CHOCOLATE 191

- INGREDIENTES 191
- ELABORACIÓN 191
- TRUCO 191

TARTA DE ZANAHORIA Y QUESO 192
- INGREDIENTES 192
- ELABORACIÓN 192
- TRUCO 193

CREMA CATALANA 194
- INGREDIENTES 194
- ELABORACIÓN 194
- TRUCO 194

TORRIJAS 195
- INGREDIENTES 195
- ELABORACIÓN 195
- TRUCO 195

CREMA PASTELERA 196
- INGREDIENTES 196
- ELABORACIÓN 196
- TRUCO 196

FLAN DE COCO MELOCOTÓN 197
- INGREDIENTES 197
- ELABORACIÓN 197
- TRUCO 197

FONDUE DE CHOCOLATE BLANCO Y FRUTAS 198
- INGREDIENTES 198
- ELABORACIÓN 198

TRUCO 198
FRUTOS ROJOS AL VINO DULCE CON MENTA 199
    INGREDIENTES 199
    ELABORACIÓN 199
    TRUCO 199
INTXAURSALSA (CREMA DE NUECES) 200
    INGREDIENTES 200
    ELABORACIÓN 200
    TRUCO 200
LECHE MERENGADA 201
    INGREDIENTES 201
    ELABORACIÓN 201
    TRUCO 201
LENGUAS DE GATO 202
    INGREDIENTES 202
    ELABORACIÓN 202
    TRUCO 202
MAGDALENAS DE NARANJA 203
    INGREDIENTES 203
    ELABORACIÓN 203
    TRUCO 203
MANZANAS ASADAS AL OPORTO 204
    INGREDIENTES 204
    ELABORACIÓN 204
    TRUCO 204
MERENGUE COCIDO 205

INGREDIENTES 205

ELABORACIÓN 205

TRUCO 205

NATILLAS 206

INGREDIENTES 206

ELABORACIÓN 206

TRUCO 207

PANNA COTTA DE CARAMELOS VIOLETA 208

INGREDIENTES 208

ELABORACIÓN 208

TRUCO 208

GALLETAS DE CÍTRICOS 209

INGREDIENTES 209

ELABORACIÓN 209

TRUCO 210

PASTAS DE MANGA 211

INGREDIENTES 211

ELABORACIÓN 211

TRUCO 211

PERAS AL VINO 212

INGREDIENTES 212

ELABORACIÓN 212

TRUCO 212

TARTA ALASKA 213

INGREDIENTES 213

ELABORACIÓN 213

TRUCO	214
PUDIN	215
INGREDIENTES	215
ELABORACIÓN	215
TRUCO	215
CARACOLES CON JAMÓN Y NÍSCALOS	**216**
INGREDIENTES	**216**
ELABORACIÓN	**216**
TRUCO	**217**

SALMOREJO CORDOBÉS

INGREDIENTES

1 **kg de tomates**

200 **g de pan**

2 **dientes de ajo**

Vinagre

100 **ml de aceite oliva**

Sal

ELABORACIÓN

Batir bien todo, excepto el aceite y el vinagre. Pasar por un chino y añadir poco a poco sin dejar de batir el aceite. Poner a punto de sal y vinagre.

TRUCO

Retirar el germen central de los ajos para evitar que repita.

SOPA DE CEBOLLA

INGREDIENTES

750 g de cebollas

100 g mantequilla

50 g de queso rallado

1 ½ l de caldo de pollo

1 rebanada de pan tostado por persona

Sal

ELABORACIÓN

Rehogar lentamente en la mantequilla las cebollas cortadas en juliana. Tapar y pochar durante 1 h aproximadamente.

Cuando las cebollas estén blandas, echar el caldo y poner a punto de sal.

Verter la sopa en recipientes individuales con el pan tostado y el queso, y gratinar.

TRUCO

El éxito de esta receta es el tiempo de pochado de las cebollas. Se le puede añadir 1 diente de ajo entero, 1 ramita de tomillo y un chorrito de vino blanco o brandi.

MINESTRONE

INGREDIENTES
150 g de tomates
100 g de judías blancas cocidas
100 g de tocino
100 g de repollo
50 g de zanahorias
50 g de nabo
50 g de judías verdes
25 g de macarrones pequeños
50 g de guisantes
3 dientes de ajo
1 puerro grande
1 dl de aceite de oliva
Sal

ELABORACIÓN
Limpiar y cortar las verduras en trozos pequeños. En una olla caliente, añadir el aceite, el tocino cortado en trocitos y pochar durante 3 min. Agregar los tomates picados y rehogar hasta que pierdan su agua.

Verter el caldo, hervir e incorporar las verduras troceadas. Cuando estén blandas, echar las judías y los macarrones. Cocer hasta que la pasta esté hecha y poner a punto de sal.

TRUCO

En muchas zonas de Italia se acompaña esta deliciosa sopa con una buena cucharada por comensal de salsa pesto.

BISQUE DE BOGAVANTE

INGREDIENTES

1 **bogavante de ½ kg**
250 **g de tomates**
200 **g de puerros**
150 **g de mantequilla**
100 **g de zanahorias**
100 **g de cebollas**
75 **g de arroz**
1 ½ **l de fumet de pescado**
¼ **l de nata**
1 **dl de brandi**
1 **dl de vino**
1 **rama de tomillo**
2 **hojas de laurel**
Sal y pimienta

ELABORACIÓN

Cortar en trozos el bogavante y saltearlo con 50 g de mantequilla hasta que esté rojo. Flambear con brandi y mojar con el vino. Tapar y cocer 15 min.

Reservar la carne del bogavante. Triturar sus carcasas junto con el brandi, el vino de la cocción y el fumet. Pasar por un chino y reservar.

Rehogar con el resto de la mantequilla las hortalizas (en orden de dureza) cortadas en trocitos pequeños. Añadir al final los tomates. Mojar con el caldo reservado, agregar las hierbas y el arroz. Cocinar durante 45 min. Triturar y pasar por un colador. Echar la nata y cocer 5 min más.

Servir la crema acompañada del bogavante picado.

TRUCO

Flambear significa hacer arder una bebida alcohólica para que desaparezca el alcohol pero no el sabor. Es importante hacer esto con el extractor apagado

MENESTRA DE VERDURAS

INGREDIENTES

150 g de jamón serrano en dados

150 g de judías verdes

150 g de coliflor

150 g de guisantes

150 g de habitas

2 cucharadas de harina

3 alcachofas

2 huevos duros

2 zanahorias

1 cebolla

1 diente de ajo

1 limón

Aceite de oliva

Sal

ELABORACIÓN

Limpiar las alcachofas desechando sus hojas exteriores y las puntas. Cocer desde agua hirviendo hasta que estén tiernas con 1 cucharada de harina y el zumo de limón. Refrescar y reservar.

Pelar y cortar las zanahorias en trozos medianos. Quitar las hebras y las puntas de las judías y cortarlas en 3 partes. Sacar ramilletes de la coliflor. Hervir agua y cocer cada verdura por separado hasta que estén blandas. Refrescar y reservar.

Reducir a la mitad el caldo de cocción de las verduras (excepto el de las alcachofas).

Picar finamente la cebolla y el ajo. Pochar 10 min junto con el jamón serrano cortado en dados. Añadir la otra cucharada de harina y rehogar 2 min más. Agregar 150 ml del caldo de verduras. Remover y cocer 5 min. Añadir las verduras y los huevos duros partidos en cuartos. Cocer 2 min y rectificar de sal.

TRUCO

Las verduras hay que cocerlas por separado porque no tienen el mismo tiempo de cocción.

ACELGAS A LA CASERA

INGREDIENTES

1 ¼ **kg de acelgas**

750 **g de patatas**

3 **dientes de ajo**

2 **dl de aceite de oliva**

Sal

ELABORACIÓN

Lavar las acelgas y cortar las hojas en trozos grandes. Pelar las pencas y partirlas en bastones. Cocer las hojas y las pencas en agua hirviendo con sal durante 5 min. Refrescar, escurrir y reservar.

Cocer 20 min en la misma agua las patatas peladas y cacheladas. Escurrir y reservar.

Dorar los ajos pelados y fileteados en aceite. Añadir las pencas, las hojas, las patatas y rehogar 2 min. Rectificar de sal.

TRUCO

Se pueden aprovechar las pencas para rellenarlas de jamón y queso. Luego, se rebozan y se fríen.

PASTEL DE CALABACÍN Y SALMÓN

INGREDIENTES

400 g de calabacines

200 g de salmón fresco (sin espinas)

750 ml de nata

6 huevos

1 cebolla

Aceite de oliva

Sal y pimienta

ELABORACIÓN

Cortar finamente la cebolla y pocharla en un poco de aceite. Cortar en dados pequeños los calabacines y añadírselos a la cebolla. Pochar a fuego medio 10 min.

Triturar y echar ½ l de nata y 4 huevos hasta obtener una masa fina.

Colocar en moldes individuales previamente engrasados y enharinados, y hornear a 170 ºC al baño maría unos 10 min.

Mientras, dorar ligeramente en un poco de aceite el salmón cortado en dados. Salpimentar y triturar junto con el resto de la nata y 2 huevos. Añadir por encima del pastel de calabacín. Seguir horneando 20 min más o hasta que esté bien cuajado.

TRUCO

Servir templado acompañado de una mahonesa previamente triturada con unas hebras de azafrán tostado.

ALCACHOFAS CON CHAMPIÑONES Y PARMESANO

INGREDIENTES

1 ½ **kg de alcachofas**

200 **g de champiñones**

50 **g de queso parmesano**

1 **vaso de vino blanco**

3 **tomates grandes**

1 **cebolleta**

1 **limón**

Aceite de oliva

Sal y pimienta

ELABORACIÓN

Pelar las alcachofas, retirar el tallo, las hojas exteriores más duras y la punta. Cortar en cuatro y frotar con el limón para evitar que se oxiden. Reservar.

Rehogar lentamente la cebolleta partida en trozos pequeños. Subir el fuego y añadir los champiñones limpios y laminados. Cocinar 3 min. Verter el vino y echar los tomates rallados y las alcachofas. Tapar y cocer 10 min o hasta que las alcachofas estén tiernas y la salsa espesa.

Emplatar, salsear y espolvorear con parmesano.

TRUCO

Otra forma de evitar la oxidación de las alcachofas es sumergirlas en agua fría con abundante perejil fresco.

BERENJENAS MARINADAS

INGREDIENTES

2 **berenjenas grandes**
3 **cucharadas de zumo de limón**
3 **cucharadas de perejil fresco picado**
2 **cucharadas de ajo majado**
1 **cucharada de comino molido**
1 **cucharada de canela**
1 **cucharada de pimentón picante**
Aceite de oliva
Sal

ELABORACIÓN

Cortar las berenjenas en láminas a lo largo. Espolvorear con sal y dejar sobre papel de cocina 30 min. Aclarar con abundante agua y reservar.

Echar encima de las láminas de berenjena un chorrito de aceite y sal, y hornear 25 min a 175 ºC.

Juntar en un bol el resto de los ingredientes. Introducir las berenjenas en la mezcla y remover. Tapar y reservar en el frigorífico durante 2 h.

TRUCO

Para que las berenjenas pierdan su amargor, también se pueden sumergir en leche con un poco de sal durante 20 min.

REVUELTO DE HABITAS BABY CON JAMÓN SERRANO

INGREDIENTES

- 1 **bote de habitas baby en aceite**
- 2 **dientes de ajo**
- 4 **lonchas de jamón serrano**
- 1 **cebolleta**
- 2 **Huevos**
- **Sal y pimienta**

ELABORACIÓN

Escurrir en una sartén el aceite de las habitas. Dorar aquí la cebolla cortada en trozos pequeños, los ajos laminados y el jamón partido en tiras finas. Subir el fuego, agregar las habitas y saltear durante 3 min.

Aparte, batir los huevos y salpimentar. Verter los huevos sobre las habitas y cuajar ligeramente sin parar de remover.

TRUCO

Añadir un poquito de nata o leche a los huevos batidos para que queden más melosos.

TRINXAT

INGREDIENTES

1 **kg de repollo**

1 **kg de patatas**

100 **g de beicon**

5 **dientes de ajo**

Aceite de oliva

Sal

ELABORACIÓN

Deshojar, lavar el repollo y cortar en láminas finas. Pelar y cortar en cuartos las patatas. Cocer todo junto durante 25 min. Retirar y machacar en caliente con un tenedor hasta obtener un puré.

Rehogar en una sartén los ajos laminados y el beicon partido en tiras. Añadir a la masa de patata anterior y dorar 3 min por cada lado como si fuera una tortilla de patata.

TRUCO

El repollo debe quedar bien escurrido después de su cocción, de lo contrario el trinxat no se dora bien.

BRÓCOLI GRATINADO CON BEICON Y SALSA AURORA

INGREDIENTES

150 g de beicon en tiras

1 brócoli grande

Salsa aurora (ver apartado Caldos y Salsas)

Aceite de oliva

Sal y pimienta

ELABORACIÓN

Sofreír bien en una sartén las tiras de beicon y reservar.

Dividir en manojos el brócoli y cocer en abundante agua salada durante 10 min o hasta que esté tierno. Escurrir y poner en una bandeja de horno.

Poner encima del brócoli el beicon, luego la salsa aurora y gratinar a máxima temperatura hasta que esté dorado.

TRUCO

Para minimizar el olor del brócoli, añadir al agua de la cocción un buen chorro de vinagre.

CARDOS CON GAMBAS Y ALMEJAS EN SALSA VERDE

INGREDIENTES

500 **g de cardos cocidos**

2 **dl de vino blanco**

2 **dl de fumet de pescado**

2 **cucharadas de perejil fresco picado**

1 **cucharada de harina**

20 **almejas**

4 **dientes de ajo**

1 **cebolla**

Aceite de oliva

Sal

ELABORACIÓN

Cortar en trocitos pequeños la cebolla y los ajos. Sofreír lentamente durante 15 min con 2 cucharadas de aceite.

Incorporar la harina y rehogar 2 min sin dejar de remover. Subir el fuego, verter el vino y dejar que reduzca por completo.

Mojar con el fumet y cocinar 10 min a fuego lento sin dejar de remover. Echar el perejil y poner a punto de sal.

Añadir las almejas previamente purgadas y los cardos. Tapar y cocer 1 min hasta que las almejas se abran.

TRUCO

No hay que cocinar en exceso el perejil para que no pierda su color y se vuelva parduzco.

CEBOLLA CARAMELIZADA

INGREDIENTES

2 cebollas grandes

2 cucharadas soperas de azúcar

1 cucharadita de vinagre de Módena o de Jerez

ELABORACIÓN

Pochar lentamente y tapado las cebollas cortadas en juliana hasta que estén transparentes

Destapar y cocinar hasta que adquieran un tono marrón. Añadir el azúcar y cocinar 15 min más. Bañar con el vinagre y cocer otros 5 min.

TRUCO

Para hacer una tortilla con esta cantidad de cebolla caramelizada, utilizar 800 g de patatas y 6 huevos.

CHAMPIÑONES RELLENOS CON JAMÓN SERRANO Y SALSA PESTO

INGREDIENTES

500 g de champiñones frescos

150 g de jamón serrano

1 cebolleta tierna muy picada

Salsa pesto (ver apartado Caldos y Salsas)

ELABORACIÓN

Picar muy fino la cebolleta y el jamón. Dorarlos lentamente 10 min. Dejar que se enfríen.

Limpiar y quitar el tronco de los champiñones. Sofreírlos en una sartén boca abajo durante 5 min.

Rellenar los champiñones con el jamón y la cebolleta, poner un poco de salsa pesto por encima y hornear a 200 ºC unos 5 min.

TRUCO

No es necesario añadir sal, ya que el jamón y la salsa pesto son un poco salados.

COLIFLOR AL AJOARRIERO

INGREDIENTES

1 **coliflor grande**
1 **cucharada de pimentón dulce**
1 **cucharada de vinagre**
2 **dientes de ajos**
8 **cucharadas de aceite de oliva**
Sal

ELABORACIÓN

Dividir la coliflor en manojos y cocerla en abundante agua con sal durante 10 min o hasta que esté hecha.

Filetear los ajos y dorar en el aceite. Retirar la sartén del fuego e incorporar el pimentón. Rehogar 5 s y agregar el vinagre. Poner a punto de sal y salsear con el sofrito.

TRUCO

para que la coliflor huela menos cuando se cueza, añadir al agua 1 **vaso de leche**.

COLIFLOR GRATINADA

INGREDIENTES

100 g de parmesano rallado

1 coliflor grande

2 yemas de huevo

Salsa besamel (ver apartado Caldos y Salsas)

ELABORACIÓN

Dividir en manojos la coliflor y cocerla en abundante agua con sal durante 10 min o hasta que esté hecha.

Añadir a la salsa besamel (una vez retirada del fuego) sin dejar de batir las yemas y el queso.

Poner la coliflor en un recipiente de horno y salsear con la besamel. Gratinar a máxima temperatura hasta que la superficie esté dorada.

TRUCO

Cuando a la besamel se añade queso rallado y yemas de huevo se convierte en una nueva salsa llamada Mornay.

DUXELLE

INGREDIENTES

500 g de champiñones

100 g de mantequilla

100 g de cebolletas (o cebollas)

Sal y pimienta

ELABORACIÓN

Limpiar y cortar los champiñones en trozos lo más pequeño posible.

Rehogar en la mantequilla las cebolletas cortadas en trocitos muy pequeños e incorporar los champiñones. Sofreír hasta que pierda por completo el líquido. Salpimentar.

TRUCO

Puede ser un perfecto acompañamiento, un relleno o incluso un primer plato. Duxelle de champiñones con huevos escalfados, pechugas de pollo rellenas de duxelle, etc.

ENDIBIAS CON SALMÓN AHUMADO Y CABRALES

INGREDIENTES

200 g de nata

150 g de salmón ahumado

100 g de queso cabrales

50 g de nueces peladas

6 cogollos de endibias

Sal y pimienta

ELABORACIÓN

Deshojar las endibias, lavar bien con agua fría y sumergirlas en agua con hielo durante 15 min.

Mezclar en un bol el queso, el salmón cortado en tiras, las nueces, la nata, la sal y la pimienta, y rellenar las endibias con esta salsa.

TRUCO

Lavar las endibias con agua fría y sumergirlas en agua con hielo ayuda a quitar su amargor.

LOMBARDA A LA SEGOVIANA

INGREDIENTES

40 g de piñones

40 g de pasas

1 cucharada de pimentón

3 dientes de ajo

1 lombarda

1 manzana reineta

Aceite de oliva

Sal

ELABORACIÓN

Retirar el tallo central y las hojas exteriores de la lombarda y cortar en juliana. Descorazonar la manzana sin quitar la piel y partirla en cuartos. Cocer la lombarda, las pasas y la manzana durante 90 min. Escurrir y reservar.

Cortar los ajos en láminas y dorarlos en una sartén. Incorporar los piñones y tostarlos. Agregar el pimentón y echar la lombarda con las pasas y la manzana. Rehogar durante 5 min.

TRUCO

Para evitar que la lombarda pierda color, empezar la cocción desde agua hirviendo y añadir un chorrito de vinagre.

ESCALIBADA

INGREDIENTES

3 **tomates**

2 **berenjenas**

2 **cebollas**

1 **pimiento rojo**

1 **cabeza de ajos**

Vinagre (opcional)

Aceite de oliva virgen extra

Sal

ELABORACIÓN

Precalentar el horno a 170 **ºC.**

Lavar las berenjenas, el pimiento y los tomates, y pelar las cebollas. Colocar todas las verduras en una bandeja para horno y regar con un chorro generoso de aceite. Asar durante 1 h, dando la vuelta de vez en cuando para que se asen de forma homogénea. Ir sacando según se vayan haciendo.

Dejar que el pimiento se enfríe, retirar la piel y las pepitas. Cortar en juliana lo pimiento, las cebollas y las berenjenas también sin pepitas. Sacar, presionando ligeramente, los dientes de ajo de la cabeza asada.

Mezclar todas las verduras en un bol, aliñar con una pizca de sal y con el aceite del asado. Se puede añadir también unas gotas de vinagre.

TRUCO

Es conveniente hacer unas incisiones en la piel de la berenjena y el tomate para que no revienten al asarlos y así pelarlos más fácilmente.

GUISANTES A LA FRANCESA

INGREDIENTES

850 g de guisantes limpios

250 g de cebollas

90 g de jamón serrano

90 g de mantequilla

1 l de caldo de carne

1 cucharada de harina

1 lechuga limpia

Sal

ELABORACIÓN

Pochar en la mantequilla las cebollas cortadas en trozos pequeños y el jamón partido en dados. Agregar la harina y rehogar 3 min.

Verter el caldo y cocer 15 min más, removiendo de vez en cuando. Añadir los guisantes y cocinar 10 min a fuego medio.

Echar la juliana fina de lechuga y guisar otros 5 min. Poner a punto de sal.

TRUCO

Cocer los guisantes sin tapar para que no se vuelvan grisáceos. Si se pone una pizca de azúcar durante la cocción, el sabor de los guisantes se potencia.

ESPINACAS A LA CREMA

INGREDIENTES

¾ kg de espinacas frescas

45 g de mantequilla

45 g de harina

½ l de leche

3 dientes de ajo

Nuez moscada

Aceite de oliva

Sal y pimienta

ELABORACIÓN

Hacer una besamel con la mantequilla derretida y la harina. Rehogar lentamente durante 5 min e incorporar la leche sin dejar de remover. Cocer 15 min y rectificar de sal, pimienta y nuez moscada.

Hervir las espinacas en abundante agua con sal. Escurrir, refrescar y apretar bien para que queden totalmente secas.

Picar en daditos los ajos y sofreír en aceite durante 1 min. Echar las espinacas y rehogar a fuego medio 5 min.

Mezclar las espinacas con la besamel y cocer sin dejar de remover durante otros 5 min.

TRUCO

Acompañar de unos triángulos tostados de pan de molde.

HABITAS BABY CON BUTIFARRA BLANCA

INGREDIENTES

1 **bote de habitas baby en aceite**

2 **dientes de ajo**

1 **butifarra blanca**

1 **cebolleta**

Aceite de oliva

Sal

ELABORACIÓN

Escurrir en una sartén el aceite de las habitas. Dorar en ese aceite la cebolleta y los ajos partidos en trozos pequeños y añadir la butifarra cortada en dados.

Cocinar 3 min hasta que se dore ligeramente. Subir el fuego, incorporar las habitas y saltear otros 3 min. Poner a punto de sal.

TRUCO

También se puede hacer con habas tiernas. Para ello, cocer desde agua fría 15 min o hasta que estén tiernas. Refrescar con agua y hielo, y pelar. Luego, realizar la receta de igual manera.

JUDÍAS VERDES CON JAMÓN

INGREDIENTES

600 g de judías verdes

150 g de jamón serrano

1 cucharadita de pimentón

5 tomates

3 dientes ajos

1 cebolla

Aceite de oliva

Sal

ELABORACIÓN

Quitar los laterales y las puntas de las judías, y cortar en tozos grandes. Cocer en agua hirviendo 12 min. Escurrir, refrescar y reservar.

Cortar la cebolla y los ajos en trozos pequeños. Pochar lentamente durante 10 min e incorporar el jamón serrano. Sofreír 5 min más. Agregar el pimentón y los tomates rallados, y rehogar hasta que hayan perdido toda su agua.

Añadir las judías verdes al sofrito y cocinar 3 min más. Poner a punto de sal.

TRUCO

Se puede sustituir el jamón serrano por chorizo.

MENESTRA DE CORDERO

INGREDIENTES

450 g de carne de cordero

200 g de judías verdes

150 g de habas peladas

150 g de guisantes

2 l de caldo de carne

2 dl de vino tinto

4 corazones de alcachofas

3 dientes de ajo

2 tomates grandes

2 patatas grandes

1 pimiento verde

1 pimiento rojo

1 cebolla

Aceite de oliva

Sal y pimienta

ELABORACIÓN

Trocear, salpimentar y dorar el cordero a fuego fuerte. Retirar y reservar.

Rehogar lentamente en ese mismo aceite los ajos y la cebolla cortados en trozos pequeños durante 10 min. Incorporar los tomates rallados y cocinar hasta que se evapore totalmente el agua. Mojar con el vino y dejar que reduzca. Verter el caldo, echar el cordero y guisar 50 min o hasta que la carne esté blanda. Salpimentar.

Aparte, rehogar en otra cazuela los pimientos cortados en dados, los guisantes, las alcachofas partidas en cuartos, las judías sin hebras y partidas en 8 trozos y las habas. Verter el caldo de la cocción del cordero y llevar a ebullición lentamente durante 5 min. Agregar las patatas peladas y cortadas en dados. Cocer hasta que estén blandas. Añadir el cordero y un poco de caldo de su cocción.

TRUCO

Cocer los guisantes destapados para que su color no se vuelva grisáceo.

MILHOJAS DE BERENJENAS CON QUESO DE CABRA, MIEL Y CURRY

INGREDIENTES

200 g de queso de cabra

1 berenjena

Miel

Curry

Harina

Aceite de oliva

Sal

ELABORACIÓN

Cortar la berenjena en rodajas finas, ponerla encima de papel absorbente y salar por ambos lados. Dejar que repose durante 20 min. Quitar el exceso de sal, enharinar y freír.

Cortar el queso en rodajas finas. Montar capas de berenjena y queso. Hornear 5 min a 160 ºC.

Emplatar y añadir 1 cucharadita de miel y una pizca de curry a cada rodaja de berenjena.

TRUCO

Al cortar las berenjenas y dejarlas con sal se consigue eliminar todo el amargor.

PASTEL DE ESPÁRRAGOS BLANCOS Y SALMÓN AHUMADO

INGREDIENTES

400 g de espárragos de lata

200 g de salmón ahumado

½ l de nata

4 huevos

Harina

Aceite de oliva

Sal y pimienta

ELABORACIÓN

Triturar todos los ingredientes hasta obtener una masa fina. Colar para evitar las hebras de los espárragos.

Verter en moldes individuales previamente engrasados y enharinados. Hornear a 170 ºC durante 20 min. Se puede tomar frío o caliente.

TRUCO

Un acompañamiento perfecto es una mahonesa hecha con hojas de albahaca fresca triturada.

PIMIENTOS DEL PIQUILLO RELLENOS DE MORCILLA CON SALSA DE MOSTAZA DULCE

INGREDIENTES

125 **ml de nata**
8 **cucharadas de mostaza**
2 **cucharadas de azúcar**
12 **pimientos del piquillo**
2 **morcillas**
Piñones
Harina y huevos (para rebozar)
Aceite de oliva

ELABORACIÓN

Desmigar las morcillas y dorar junto a un puñado de piñones en una sartén caliente. Dejar que se enfríen y rellenar los pimientos. Rebozar en harina y huevo, y freír en abundante aceite.

Hervir la nata con la mostaza y el azúcar hasta que espese. Servir los pimientos con la salsa caliente.

TRUCO

Hay que freír los pimientos poco a poco y con el aceite bien caliente.

CARDOS CON SALSA DE ALMENDRAS

INGREDIENTES

900 g de cardos cocidos

75 g de almendras granillo

50 g de harina

50 g de mantequilla

1 l de caldo de pollo

1 dl de vino blanco

1 dl de nata

1 cucharada sopera de perejil fresco picado

2 dientes de ajo

2 yemas de huevo

1 cebolla

Aceite de oliva

Sal y pimienta

ELABORACIÓN

Rehogar lentamente en la mantequilla las almendras y la harina durante 3 min. Verter el caldo de pollo sin dejar de batir y cocer 20 min más. Añadir la nata y fuera del fuego incorporar las yemas sin dejar de batir. Salpimentar.

Aparte, rehogar en aceite la cebolla y los ajos cortados en dados pequeños. Echar los cardos, subir el fuego y mojar con el vino. Dejar que reduzca completamente.

Incorporar el caldo al cardo y servir con perejil por encima.

TRUCO

No calentar en exceso la salsa una vez incorporadas las yemas para que no se cuajen y la salsa quede con grumos.

PISTO

INGREDIENTES

4 **tomates maduros**

2 **pimientos verdes**

2 **calabacines**

2 **cebollas**

1 **pimiento rojo**

2-3 **dientes de ajo**

1 **cucharadita de azúcar**

Aceite de oliva

Sal

ELABORACIÓN

Escaldar los tomates, quitarles la piel y trocearlos en dados. Pelar y cortar las cebollas y los calabacines también en dados. Limpiar los pimientos de pepitas y trocear la carne en dados.

Dorar los ajos y las cebollas con un poco de aceite durante 2 min. Añadir los pimientos y seguir sofriendo 5 min más. Agregar los calabacines y pochar otro par de min. Echar finalmente los tomates y cocinar hasta que pierdan toda su agua. Rectificar de azúcar y sal, y dar un hervor.

TRUCO

Se puede utilizar tomate triturado de lata o una buena salsa de tomate.

PUERROS CON VINAGRETA DE HORTALIZAS

INGREDIENTES

8 **puerros**

2 **dientes de ajo**

1 **pimiento verde**

1 **pimiento rojo**

1 **cebolleta**

1 **pepino**

12 **cucharadas de aceite**

4 **cucharadas de vinagre**

Sal y pimienta

ELABORACIÓN

Picar finamente los pimientos, la cebolleta, los ajos y el pepino. Mezclar con el aceite, el vinagre, sal y pimienta. Remover.

Limpiar los puerros y cocerlos en agua hirviendo durante 15 min. Retirar, secar y cortar cada uno en 3 trozos. Emplatar y salsear con la vinagreta.

TRUCO

Hacer una vinagreta de tomate, cebolleta, alcaparras y aceitunas negras. Gratinar los puerros con mozzarella y salsear. Delicioso.

QUICHE DE PUERROS, BEICON Y QUESO

INGREDIENTES

200 g de queso manchego

1 l de nata

8 huevos

6 puerros grandes limpios

1 paquete de beicon ahumado

1 paquete de hojaldre congelado

Harina

Aceite de oliva

Sal y pimienta

ELABORACIÓN

Engrasar y enharinar un molde y forrar con hojaldre. Colocar encima papel de aluminio y legumbres para evitar que se levante y hornear 15 min a 185 ºC.

Mientras tanto, rehogar lentamente los puerros cortados muy finos. Añadir el beicon también partido fino.

Juntar los huevos batidos con la nata, los puerros, el beicon y el queso rallado. Salpimentar y poner esta mezcla encima del hojaldre y hornear a 165 ºC 45 min o hasta que esté cuajado.

TRUCO

Para comprobar que el quiche está cuajado, pinchar el centro con una aguja. Si sale seca es señal de que el pastel ya está hecho.

TOMATES A LA PROVENZAL

INGREDIENTES

100 **g de pan rallado**

4 **tomates**

2 **dientes de ajo**

Perejil

Aceite de oliva

Sal y pimienta

ELABORACIÓN

Pelar y picar en trocitos pequeños los ajos y mezclar con el pan rallado. Cortar los tomates por la mitad y quitar las semillas.

Calentar aceite en una sartén y añadir los tomates con la cara del corte hacia abajo. Cuando la piel empiece a levantarse por los bordes, dar la vuelta. Cocinar 3 min más y colocarlos en una fuente de horno.

Dorar en la misma sartén la mezcla del pan y los ajos. Una vez tostado, espolvorear sobre los tomates. Precalentar el horno a 180 ºC y asar durante 10 min, con cuidado de no resecarlos.

TRUCO

Se suele tomar como guarnición, aunque también como plato principal acompañado de mozzarella horneada ligeramente.

CEBOLLAS RELLENAS

INGREDIENTES

125 g de carne de ternera picada

125 g de beicon

2 cucharadas de salsa de tomate

2 cucharadas de pan rallado

4 cebollas grandes

1 huevo

Aceite de oliva

Sal y pimienta

ELABORACIÓN

Rehogar el beicon partido en trocitos y la carne picada salpimentada hasta que esta pierda su color rosáceo. Añadir el tomate y cocinar 1 min más.

Mezclar la carne con el huevo y el pan rallado.

Retirar la primera capa de las cebollas y sus bases. Cocer cubiertas de agua durante 15 min. Secar, sacar el centro y rellenar con la carne. Hornear 15 min a 175 ºC.

TRUCO

Se puede hacer una salsa Mornay sustituyendo la mitad de la leche por el agua de la cocción de las cebollas. Salsear por encima y gratinar.

SETAS A LA CREMA CON NUECES

INGREDIENTES

1 **kg de setas variadas**

250 **ml de nata**

125 **ml de brandi**

2 **dientes de ajo**

Nueces

Aceite de oliva

Sal y pimienta

ELABORACIÓN

Dorar en una cazuela los ajos fileteados. Subir el fuego e incorporar las setas limpias y cortadas en tiras. Rehogar durante 3 min.

Mojar con el brandi y dejar que reduzca. Verter la nata y guisar lentamente otros 5 min. Machacar un puñado de nueces en un mortero y echarlas por encima.

TRUCO

Una buena opción son las setas de cultivo e incluso las deshidratadas.

PASTEL DE TOMATE Y ALBAHACA

INGREDIENTES

½ l de nata

8 cucharadas de salsa de tomate (ver apartado Caldos y Salsas)

4 huevos

8 hojas de albahaca fresca

Harina

Aceite de oliva

Sal y pimienta

ELABORACIÓN

Triturar todos los ingredientes hasta obtener una pasta homogénea.

Precalentar el horno a 170 ºC. Repartir en moldes individuales previamente enharinados y engrasados, y hornear durante 20 min.

TRUCO

Es una opción estupenda para aprovechar la salsa de tomate que sobre de otra receta.

GUISO DE PATATAS CON POLLO AL CURRY

INGREDIENTES

1 **kg de patatas**

½ **l de caldo de pollo**

2 **pechugas de pollo**

1 **cucharada sopera de curry**

2 **dientes de ajo**

2 **tomates**

1 **cebolla**

1 **hoja de laurel**

Aceite de oliva

Sal y pimienta

ELABORACIÓN

Partir las pechugas en dados medianos. Salpimentar y dorar en aceite caliente. Sacar y reservar.

Pochar en ese mismo aceite la cebolla y los ajos cortados en dados pequeños a fuego bajo durante 10 min. Incorporar el curry y rehogar otro min. Agregar los tomates rallados, subir el fuego y cocinar hasta que el tomate pierda toda su agua.

Pelar y cachelar las patatas. Echarlas al sofrito y guisar 3 min. Bañar con el caldo y el laurel. Cocer a fuego lento hasta que la patata esté en su punto y rectificar de sal y pimienta.

TRUCO

Sacar un poco de caldo y un par de patatas, y aplastarlas con un tenedor hasta obtener un puré. Volver a meterlo en el guiso y hervir 1 min sin dejar de remover. Así se espesará el caldo sin necesidad de harinas.

HUEVOS PASADOS POR AGUA

INGREDIENTES
8 **huevos**
Pan tostado
Sal y pimienta

ELABORACIÓN
Poner los huevos en una olla cubiertos con agua fría y sal. Hervir hasta que el agua bulla ligeramente. Dejar en el fuego 3 min.

Sacar el huevo y enfriar en agua y hielo. Romper con cuidado la cáscara de arriba como si fuera un sombrero. Salpimentar y acompañar de bastones de pan tostado.

TRUCO
Es importante durante el primer minuto que el huevo se mueva para que la yema quede en el centro.

PATATAS A LA IMPORTANCIA

INGREDIENTES

1 **kg de patatas**
¾ **l de fumet de pescado**
1 **vaso pequeño de vino blanco**
1 **cucharada sopera de harina**
2 **dientes de ajo**
1 **cebolla**
Harina y huevo (para rebozar)
Perejil
Aceite de oliva

ELABORACIÓN

Pelar y cortar las patatas en rodajas no muy gruesas. Enharinar y pasar por huevo. Freír y reservar.

Aparte, pochar la cebolla y los ajos partidos en trocitos pequeños. Añadir y rehogar la cucharada de harina y bañar con el vino. Dejar que reduzca hasta que quede casi seco y mojar con el fumet. Cocer 15 min a fuego lento. Poner a punto de sal e incorporar el perejil.

Incorporar las patatas a la salsa y cocerlas hasta que estén tiernas.

TRUCO

Se puede añadir unos trocitos de rape o merluza y gambas.

HUEVOS MOLLET CON BOLETUS

INGREDIENTES

8 huevos

150 g de boletus deshidratados

50 g de mantequilla

50 g de harina

1 dl de vino dulce

2 dientes de ajo

Nuez moscada

Vinagre

Aceite

Sal y pimienta

ELABORACIÓN

Hidratar los boletus 1 h aproximadamente en 1 l de agua caliente. Mientras, cocer los huevos desde agua hirviendo con sal y vinagre durante 5 min. Sacar y refrescar inmediatamente en agua fría con hielo. Pelar con cuidado.

Colar los boletus y reservar el agua. Cortar los ajos en láminas y dorarlos ligeramente en aceite. Incorporar los boletus y cocinar 2 min a fuego fuerte. Salpimentar y bañar con el vino dulce hasta que reduzca y quede la salsa seca.

Fundir en una cazuela la mantequilla con la harina. Rehogar a fuego lento durante 5 min sin parar de remover. Echar el agua de la hidratación de los boletus. Cocer 15 min a fuego suave sin dejar de remover. Salpimentar y añadir nuez moscada.

Emplatar poniendo los boletus en la base, luego los huevos y aderezar con la salsa por encima.

TRUCO

El huevo mollet debe quedar con la clara cuajada y la yema líquida.

BRAZO DE PATATA Y PESCADILLA

INGREDIENTES

1 kg de patatas

600 g de pescadilla sin espinas ni piel

4 cucharadas soperas de salsa de tomate

1 cebolla grande

2 dientes de ajo

1 hoja de laurel

Brandi

Aceite de oliva

Sal y pimienta

ELABORACIÓN

Pelar las patatas, cortarlas en cuartos y cocerlas durante 30 min en agua con sal. Escurrir y pasarlas por el pasapurés. Extender el puré sobre film transparente y reservar.

Picar finamente la cebolla y los ajos. Rehogar a fuego medio 5 min y añadir el laurel y la pescadilla picada y salpimentada. Pochar otros 5 min sin parar de remover, mojar con un chorrito de brandi y dejar que reduzca. Incorporar la salsa de tomate y cocinar otro minuto más. Dejar enfriar.

Repartir la pescadilla sobre la base de patata, envolver en forma de brazo de gitano y reservar en el frigorífico hasta el momento de servir.

TRUCO

**Se puede hacer con cualquier pescado fresco o congelado.
Acompañar con salsa rosa o con alioli.**

TORTILLA DE APROVECHAMIENTO DEL COCIDO (ROPA VIEJA)

INGREDIENTES

125 g de morcillo

100 g de gallina o pollo

60 g de repollo

60 g de tocino

1 cucharadita de pimentón

3 dientes de ajo

1 morcilla

1 chorizo

1 cebolla

2 cucharadas de aceite de oliva

Sal

ELABORACIÓN

Picar la cebolla y los ajos en trozos pequeños. Rehogar a fuego lento durante 10 min. Cortar finamente las carnes del cocido y el repollo e incorporarlo a la cebolla. Cocinar a fuego medio hasta que las carnes adquieran un color dorado y tostado.

Batir los huevos y añadirlos a las carnes. Rectificar de sal.

Calentar muy bien una sartén, echar el aceite y cuajar la tortilla por ambos lados.

TRUCO

Acompañar con una buena salsa de tomate al comino.

PATATAS RELLENAS DE SALMÓN AHUMADO, BEICON Y BERENJENA

INGREDIENTES

4 **patatas medianas**

250 **g de beicon**

150 **g de queso parmesano**

200 **g de salmón ahumado**

½ **l de nata**

1 **berenjena**

Aceite de oliva

Sal y pimienta

ELABORACIÓN

Lavar bien las patatas y cocerlas con piel a fuego medio durante 25 min o hasta que estén tiernas. Escurrir, cortar por la mitad y vaciar, dejando una ligera capa. Reservar las patatas enteras y lo vaciado.

Dorar el beicon cortado en tiras finas en una sartén caliente. Retirar y reservar. Pochar en ese mismo aceite la berenjena partida en dados pequeños durante 15 min o hasta que esté blanda.

Echar a una cazuela el vaciado de las patatas, la berenjena pochada, el beicon, el salmón cortado en tiras, el parmesano y la nata. Cocer 5 min a fuego medio y salpimentar.

Rellenar las patatas con la mezcla anterior y gratinar a 180 ºC hasta que queden doradas.

TRUCO

Se pueden hacer unas berenjenas con el mismo relleno.

CROQUETAS DE PATATA Y QUESO

INGREDIENTES

500 g de patatas

150 g de parmesano rallado

50 g de mantequilla

Harina, huevo y pan rallado (para rebozar)

2 yemas de huevo

Nuez moscada

Sal y pimienta

ELABORACIÓN

Pelar, cortar en cuartos y cocer las patatas a fuego medio con agua y sal durante 30 min. Escurrir y pasar por el pasapurés. Agregar en caliente la mantequilla, las yemas, sal, pimienta, nuez moscada y el parmesano. Dejar enfriar.

Hacer bolitas como croquetas y pasarlas por harina, huevo batido y pan rallado. Freír en abundante aceite hasta que se doren.

TRUCO

Antes de rebozar poner en el centro de la croqueta 1 cucharadita de salsa de tomate y un trocito de salchicha fresca ya cocinada. Quedan deliciosas.

BUENAS PATATAS FRITAS

INGREDIENTES

1 kg de patatas tardías o semitardias (variedad agria o monalisa)

1 l de aceite de oliva

Sal

ELABORACIÓN

Pelar y cortar las patatas en bastones regulares. Lavarlas en abundante agua fría hasta que esta salga totalmente transparente. Secar bien.

Calentar aceite en una sartén a fuego medio, unos 150 ºC. Cuando empiece a burbujear leve, pero constantemente, incorporar las patatas y pochar hasta que estén bien blandas, con cuidado de que no se rompan.

Subir el fuego al máximo con el aceite muy caliente y en diferentes tandas echar las patatas y mover con una espumadera. Freír hasta que estén doradas y crujientes. Sacar, escurrir el exceso de aceite y salar.

TRUCO

Son importantes las dos temperaturas del aceite. Esto hace que se queden muy blandas por dentro y crujientes por fuera. Incorporar la sal al final.

HUEVOS A LA FLORENTINA

INGREDIENTES

8 **huevos**

800 **g de espinacas**

150 **g de jamón curado**

1 **diente de ajo**

Salsa besamel (ver apartado Caldos y Salsas)

Sal

ELABORACIÓN

Cocer las espinacas en agua hirviendo con sal durante 5 min. Refrescar y apretar para que pierdan toda el agua. Cortar finamente y reservar.

Picar el ajo y rehogar 1 min a fuego medio. Incorporar el jamón cortado en dados y cocinar 1 min más. Subir el fuego, echar las espinacas y cocinar otros 5 min. Luego, repartir las espinacas en 4 cazuelas de barro.

Echar 2 de huevos cascados encima de las espinacas. Salsear con la besamel y hornear 8 min a 170 ºC.

TRUCO

Se denomina a la florentina a las elaboraciones hechas con espinacas.

GUISO DE PATATAS CON RAPE Y GAMBAS

INGREDIENTES

4 **patatas**

300 **g de rape limpio sin espinas**

250 **g de gambas peladas**

½ **l de fumet de pescado**

1 **vaso de vino blanco**

1 **cucharada de pulpa de pimiento choricero**

1 **cucharadita de pimentón**

8 **hebras de azafrán**

3 **rebanadas de pan tostado**

2 **dientes de ajo**

1 **cebolla**

Aceite de oliva

Sal y pimienta

ELABORACIÓN

Rehogar la cebolla y los ajos partidos finamente a fuego lento 10 min. Incorporar las rebanadas de pan y dorar. Agregar el azafrán, el pimentón y el pimiento choricero. Rehogar 2 min.

Cachelar las patatas y echarlas al sofrito. Rehogar 3 min. Regar con el vino y dejar que reduzca del todo.

Bañar con el caldo y cocer a fuego lento hasta que las patatas estén casi en su punto. Añadir el rape cortado en trozos y las gambas peladas. Salpimentar y cocinar 2 min más. Dejar reposar 5 min fuera del fuego.

TRUCO

Cachelar patatas significa rasgar en trozos uniformes sin llegar a cortar del todo. Así se consigue que el caldo quede más espeso.

HUEVOS A LA FLAMENCA

INGREDIENTES

- 8 huevos
- 200 g de salsa de tomate
- 1 lata pequeña de pimientos del piquillo
- 4 cucharadas de guisantes cocidos
- 4 lonchas de jamón serrano
- 4 rodajas gruesas de chorizo
- 4 espárragos en conserva

ELABORACIÓN

Repartir la salsa de tomate en 4 cazuelas de barro. Poner 2 huevos cascados en cada una, y repartir en montoncitos diferentes los guisantes, el chorizo y el jamón cortados en trozos y los pimientos y los espárragos partidos en tiras.

Hornear a 190 ºC hasta que los huevos estén ligeramente cuajados.

TRUCO

Se puede hacer con butifarra e incluso con salchicha fresca.

TORTILLA PAISANA

INGREDIENTES

6 **huevos**

3 **patatas grandes**

25 **g de guisantes cocidos**

25 **g de chorizo**

25 **g de jamón serrano**

1 **pimiento verde**

1 **pimiento rojo**

1 **cebolla**

Aceite de oliva

Sal y pimienta

ELABORACIÓN

Cortar en trozos pequeños la cebolla y los pimientos. Partir en rodajas muy finas las patatas peladas. Pochar a fuego medio las patatas con la cebolla y los pimientos.

Rehogar el chorizo y el jamón partidos en tacos pequeños. Escurrir las patatas con las cebollas y los pimientos. Juntar con el chorizo y el jamón. Incorporar los guisantes.

Batir los huevos, salpimentar y juntar con las patatas y el resto de los ingredientes. Calentar bien una sartén mediana, echa la mezcla anterior y cuajar por los dos lados.

TRUCO

Hay que cuajarla poco, ya que con el calor residual se termina de hacer. Así quedará más jugosa.

HUEVOS AL HORNO CON SALCHICHAS Y MOSTAZA

INGREDIENTES

8 huevos

2 salchichas alemanas ahumadas

5 cucharadas de mostaza

4 cucharadas de nata

2 pepinillos

Sal y pimienta

ELABORACIÓN

Mezclar los pepinillos finamente picados con la mostaza y la nata.

Picar en rodajas finas las salchichas en la base de 4 cazuelas de barro. Echar encima la salsa de mostaza y luego 2 huevos cascados en cada una. Salpimentar.

Hornear a 180 ºC hasta que las claras estén cuajadas.

TRUCO

Añadir a la mezcla de mostaza y nata 2 cucharadas de parmesano rallado y unas hojitas de tomillo fresco.

TORTILLA DE PATATAS EN SALSA

INGREDIENTES

7 **huevos grandes**

800 **g de patatas para freír**

1 **dl de vino blanco**

¼ **l de caldo de pollo**

1 **cucharada de perejil fresco**

1 **cucharadita de pimentón**

1 **cucharadita de harina**

3 **dientes de ajo**

Aceite de oliva virgen

Sal

ELABORACIÓN

Picar finamente los ajos y sofreírlos a fuego medio durante 3 **min sin que se doren en exceso. Incorporar la harina y rehogar** 2 **min. Agregar el pimentón y rehogar** 5 **s. Mojar con el vino y dejar que reduzca del todo. Bañar con el caldo y cocer** 10 **min a fuego lento, removiendo de vez en cuando. Poner a punto de sal y espolvorear con perejil.**

Pelar las patatas. Cortarlas a lo largo en cuartos y estos a su vez en rodajas finas. Freírlas hasta que estén blandas y ligeramente doradas.

Batir los huevos y sazonar con sal. Escurrir bien las patatas y añadírselas a los huevos batidos. Rectificar de sal.

Calentar una sartén, poner 3 **cucharadas del aceite de freír las patatas y echar la mezcla de huevos y patatas. Remover** 15 **s a fuego fuerte. Darle la vuelta con un plato. Volver a calentar la sartén y echar otras** 2 **cucharadas de aceite de freír las patatas.**

Incorporar la tortilla y dorar a fuego fuerte 15 s. Sazonar con sal y cocer a fuego lento 5 min.

TRUCO

Se pueden aprovechar los caldos que sobren de los estofados o de los arroces para este tipo de receta.

PURRUSALDA

INGREDIENTES

1 **kg de patatas**

200 **g de bacalao desalado**

100 **ml de vino blanco**

3 **puerros medianos**

1 **cebolla grande**

ELABORACIÓN

Cocer en 1 l de agua fría el bacalao durante 5 min. Sacar el bacalao, desmigar y quitar las espinas. Reservar el agua de la cocción.

Cortar en juliana la cebolla y rehogarla en una cazuela a fuego lento unos 20 min. Partir los puerros en rodajas un poco gruesas y añadirlas a la cebolla. Pochar otros 10 min.

Cachelar (rasgar, no cortar) las patatas y agregárselas al guiso cuando los puerros estén pochados. Rehogar un poco las patatas, subir el fuego y mojar con el vino blanco. Dejar que reduzca.

Bañar el guiso con el agua de cocer el bacalao, poner a punto de sal (debe quedar un poco soso) y cocer hasta que las patatas estén blandas. Introducir el bacalao y cocinar 1 min más. Rectificar de sal y dejar reposar tapado 5 min.

TRUCO

Convertir este guiso en una crema. Solo es necesario triturar y colar. Deliciosa.

PATATAS PANADERAS

INGREDIENTES

500 **g de patatas**
1 **vaso de vino blanco**
1 **cebolla pequeña**
1 **pimiento verde**
Aceite de oliva
Sal

ELABORACIÓN

Pelar y cortar las patatas en rodajas finas. Partir la cebolla y el pimiento en juliana. Poner en una bandeja de horno. Salar y embadurnar bien de aceite. Remover para que quede todo bien impregnado y tapar con papel de aluminio.

Asar a 160 ºC durante 1 h. Sacar, retirar el papel y bañar con el vaso de vino.

Hornear destapado a 200 ºC durante otros 15 min.

TRUCO

Se puede sustituir el vino por ½ **vaso de agua**, ½ **vaso de vinagre** y 2 **cucharadas soperas de azúcar.**

REVUELTO DE CHAMPIÑONES

INGREDIENTES

8 **huevos**

500 **g de champiñones limpios y laminados**

100 **g de jamón serrano en taquitos**

8 **rebanadas de pan tostado**

2 **dientes de ajo**

Aceite de oliva

ELABORACIÓN

Cortar los ajos en láminas y dorarlos ligeramente junto con el jamón partido en taquitos sin que cojan color. Subir el fuego, añadir los champiñones limpios y laminados y saltearlos durante 2 min.

Echar los huevos batidos sin dejar de remover hasta que estén ligeramente cuajados y melosos.

TRUCO

No es necesario añadir sal, ya que el jamón serrano lo aporta.

HUEVOS AL PLATO CON ANCHOAS Y ACEITUNAS

INGREDIENTES

8 **huevos**

500 **g de tomates**

40 **g de aceitunas negras sin hueso**

12 **anchoas**

10 **alcaparras**

3 **dientes de ajo**

1 **cebolleta**

Orégano

Azúcar

Aceite de oliva

Sal

ELABORACIÓN

Picar finamente los ajos y la cebolleta. Pochar a fuego lento durante 10 min.

Pelar, despepitar y cortar los tomates en dados pequeños. Añadir al sofrito de ajos y cebolla. Subir el fuego y cocinar hasta que el tomate pierda toda su agua. Rectificar de sal y de azúcar.

Repartir el tomate en cazuelas de barro. Poner 2 huevos cascados y echar encima el resto de los ingredientes picados. Hornear a 180 ºC hasta que las claras estén cuajadas.

TRUCO

Añadir azúcar en las recetas que llevan tomate es para equilibrar la acidez que aporta.

PATATAS A LA CREMA CON BEICON Y PARMESANO

INGREDIENTES

1 **kg de patatas**

250 **g de beicon**

150 **g de queso parmesano**

300 **ml de nata**

3 **cebollas**

Nuez moscada

Aceite de oliva

Sal y pimienta

ELABORACIÓN

Mezclar en un bol la nata con el queso, sal, pimienta y nuez moscada.

Pelar y cortar las patatas y las cebollas en rodajas finas. Pochar en una sartén hasta que estén blandas. Escurrir y salpimentar.

Aparte, dorar el beicon cortado en tiras y añadirlo a la sartén de las patatas.

Colocar las patatas en una fuente, cubrir con la mezcla de la nata y hornear a 175 ºC hasta que esté gratinado por encima.

TRUCO

Esta receta se puede preparar también sin pochar las patatas. Lo único que hay que hacer es hornearlas a 150 ºC durante 1 h.

HUEVOS COCIDOS

INGREDIENTES

8 **huevos**

Sal

ELABORACIÓN

Cocer los huevos partiendo de agua hirviendo durante 11 min. Refrescar con agua y hielo, y pelar.

TRUCO

Para que resulte fácil pelarlos, poner abundante sal en el agua de la cocción y pelar inmediatamente después del refrescado.

PAPAS ARRUGÁS

INGREDIENTES

1 kg de patatas pequeñas

500 g sal gorda

ELABORACIÓN

Cocer las patatas en agua con sal hasta que estén tiernas. Deben quedar cubiertas totalmente con un dedo de agua de más. Escurrir las patatas.

En la misma olla (sin lavar), echar de nuevo las patatas y ponerlas a fuego lento sin parar de remover con cuidado hasta que se sequen. Es entonces cuando se crea una pequeña capa de sal en cada patata y se arruga su piel.

TRUCO

Son un acompañamiento perfecto para el pescado a la sal. Probar con un poco de pesto.

HUEVOS ESCALFADOS CON CHAMPIÑONES, GAMBAS Y TRIGUEROS

INGREDIENTES

8 **huevos**

300 **g de champiñones frescos**

100 **g de gambas**

250 **ml de caldo de carne**

2 **cucharadas de Pedro Ximénez**

1 **cucharadita de harina**

1 **manojo de espárragos trigueros**

Aceite de oliva

1 **dl de vinagre**

Sal y pimienta

ELABORACIÓN

Escalfar los huevos en abundante agua hirviendo con sal y un buen chorrito de vinagre. Apagar el fuego, tapar la cazuela y esperar 3 o 4 min. La clara debe de quedar cocida y la yema líquida. Retirar, escurrir y salpimentar.

Limpiar los espárragos y cortarlos por la mitad a lo largo. Dorarlos en una sartén a fuego fuerte, salar y reservar. Saltear 30 s en ese mismo aceite a fuego muy fuerte las gambas peladas y salpimentadas. Retirar.

Dorar en la misma sartén durante 1 min los champiñones laminados a fuego fuerte, añadir la harina y rehogar otro minuto. Mojar con el Pedro Ximénez hasta que reduzca y quede seco. Bañar con el caldo a punto de sal y dar un hervor.

Emplatar los espárragos, las gambas y los champiñones, y colocar encima los huevos. Salsear con la salsa de Pedro Ximénez.

TRUCO

Cocer el caldo con 1 ramita de romero hasta que se quede en la mitad de su volumen.

REVUELTO DE PATATA CON CHORIZO Y PIMIENTO VERDE

INGREDIENTES

6 **huevos**

120 **g de chorizo picado**

4 **patatas**

2 **pimientos verdes italianos**

2 **dientes de ajo**

1 **cebolleta**

Aceite de oliva

Sal y pimienta

ELABORACIÓN

Pelar, lavar y cortar las patatas en dados medianos. Lavar bien hasta que el agua esté transparente. Picar en juliana la cebolleta y los pimientos.

Freír en abundante aceite caliente las patatas y a media fritura incorporar los pimientos y la cebolleta hasta que la verdura esté dorada y tierna.

Escurrir las patatas, la cebolleta y los pimientos. Dejar en la sartén solo un poco de aceite para dorar el chorizo picado. Incorporar de nuevo las patatas con la cebolleta y los pimientos. Agregar los huevos cascados y remover hasta que cuajen ligeramente. Rectificar de sal y pimienta.

TRUCO

Se puede sustituir el chorizo por morcilla, chistorra e incluso por butifarra.

PATATAS A LO POBRE

INGREDIENTES

1 **kg de patatas**
3 **dientes de ajo**
1 **pimiento verde pequeño**
1 **pimiento rojo pequeño**
1 **cebolla pequeña**
Perejil fresco
Aceite de oliva
4 **cucharadas soperas de vinagre**
Sal

ELABORACIÓN

Triturar los ajos con el perejil, el vinagre y 4 cucharadas soperas de agua.

Pelar y cortar las patatas como para tortilla. Freírlas en abundante aceite caliente e incorporar a la mitad la cebolla y los pimientos cortados en juliana fina. Seguir friendo hasta que estén ligeramente dorados.

Sacar y escurrir las patatas, la cebolla y los pimientos. Agregar el majado de ajo y vinagre. Remover y salar.

TRUCO

Es una guarnición perfecta para todo tipo de carnes, sobre todo las grasas como el cordero y el cerdo.

HUEVOS ESCALFADOS GRAN DUQUE

INGREDIENTES

8 huevos

125 g de queso parmesano

30 g de mantequilla

30 g de harina

½ l de leche

4 rebanadas de pan tostado

Nuez moscada

Vinagre

Sal y pimienta

ELABORACIÓN

Hacer una besamel rehogando la harina en la mantequilla durante 5 min a fuego lento, añadir la leche sin dejar de remover y cocer otros 5 min. Rectificar de sal, pimienta y nuez moscada.

Escalfar los huevos en abundante agua hirviendo con sal y un buen chorrito de vinagre. Apagar el fuego, tapar la cazuela y esperar 3 o 4 min. Sacar y escurrir.

Poner el huevo escalfado sobre el pan tostado y salsear con la besamel. Espolvorear con parmesano rallado y gratinar en el horno.

TRUCO

Cuando el agua esté hirviendo, hacer remolinos con una varilla e incorporar el huevo inmediatamente. Así se consigue una forma redondeada y perfecta.

PATATAS CON COSTILLAS

INGREDIENTES

3 **patatas grandes**
1 **kg de costillas de cerdo adobadas**
4 **cucharadas de salsa de tomate**
2 **dientes de ajo**
1 **hojita de laurel**
1 **pimiento verde**
1 **pimiento rojo**
1 **cebolla**
Aceite de oliva
Sal

ELABORACIÓN

Partir y dorar las costillas en una olla muy caliente. Sacar y reservar.

Rehogar en ese mismo aceite los pimientos, los ajos y la cebolla cortados en trozos medianos. Cuando las verduras estén blandas, añadir la salsa de tomate y echar de nuevo las costillas. Remover y cubrir de agua al ras. Echar el laurel y cocer a fuego lento hasta que estén casi tiernas.

Incorporar entonces las patatas cacheladas. Rectificar de sal y seguir cocinando hasta que las patatas estén tiernas.

TRUCO

Cachelar las patatas significa romperlas con el cuchillo sin llegar a cortarlas del todo. Así se consigue que las patatas suelten su fécula y que los caldos queden más sustanciosos y espesos.

HUEVOS FRITOS EMPANADOS

INGREDIENTES

8 **huevos**

70 **g de mantequilla**

70 **g de harina**

Harina, huevo y pan rallado (para rebozar)

½ **l de leche**

Nuez moscada

Aceite de oliva

Sal y pimienta

ELABORACIÓN

Calentar una sartén con aceite de oliva, freír los huevos dejando la yema cruda o muy poco hecha. Retirar, salar y quitar el exceso de aceite.

Hacer una besamel rehogando la harina en la mantequilla derretida durante 5 min. Incorporar la leche sin dejar de remover y cocinar 10 min a fuego medio. Salpimentar y condimentar con nuez moscada.

Cubrir con mucho cuidado los huevos con la besamel por todos los lados. Dejar enfriar en frigorífico.

Pasar por harina, huevo batido y pan rallado los huevos y freírlos en abundante aceite caliente hasta que doren.

TRUCO

Cuanto más frescos sean los huevos, menos salpicarán cuando se frían. Para ello, sacarlos del frigorífico 15 min antes de freírlos.

PATATAS AVELLANAS

INGREDIENTES

750 g de patatas

25 g de mantequilla

1 cucharadita de perejil fresco picado

2 cucharadas de aceite de oliva

Sal y pimienta

ELABORACIÓN

Pelar las patatas y sacar bolas con un sacabocados. Cocerlas en una olla desde agua fría con sal. Cuando hiervan por primera vez esperar 30 s y escurrir.

Derretir en una sartén la mantequilla con el aceite. Incorporar las patatas secas y escurridas y cocinar a fuego lento-medio hasta que las patatas estén doradas y tiernas por dentro. Sazonar con sal, pimienta y añadir el perejil.

TRUCO

Se pueden hacer también en el horno a 175 ºC, removiendo de vez en cuando hasta que estén tiernas y doradas.

HUEVOS MOLLET

INGREDIENTES
8 **huevos**
Sal
Vinagre

ELABORACIÓN
Cocer los huevos desde agua hirviendo con sal y vinagre durante 5 min. Sacar y refrescar inmediatamente en agua fría con hielo, y pelar con cuidado.

TRUCO
Para pelar fácilmente los huevos cocidos, añadir al agua abundante sal.

PATATAS A LA RIOJANA

INGREDIENTES

2 **patatas grandes**

1 **cucharadita de pulpa de pimiento choricero o ñora**

2 **dientes de ajo**

1 **chorizo asturiano**

1 **pimiento verde**

1 **hoja de laurel**

1 **cebolla**

Pimentón

4 **cucharadas de aceite de oliva**

Sal

ELABORACIÓN

Sofreír en el aceite los ajos cortados en trocitos durante 2 min. Añadir la cebolla y el pimiento partidos en juliana y pochar 25 min a fuego medio bajo (tiene que quedar con el mismo color como si estuviera caramelizada). Agregar la cucharadita de pimiento choricero.

Echar el chorizo troceado y rehogar otros 5 min. Incorporar las patatas cacheladas y cocinar 10 min más sin dejar de remover. Sazonar con sal.

Añadir pimentón y cubrir con agua. Cocer junto con el laurel a fuego muy lento hasta que las patatas estén hechas.

TRUCO

Se puede hacer una crema con lo que sobre. Es un aperitivo espectacular.

PATATAS CON SEPIA

INGREDIENTES

3 **patatas grandes**
1 **kg de sepia limpia**
3 **dientes de ajo**
1 **lata de guisantes**
1 **cebolla grande**
Fumet de pescado
Perejil fresco
Aceite de oliva
Sal

ELABORACIÓN

Cortar en trocitos pequeños la cebolla, los ajos y el perejil. Sofreír todo en una olla a fuego medio.

Una vez pochada la verdura, subir el fuego al máximo y rehogar la sepia partida en trozos medianos durante 5 min. Cubrir con fumet de pescado (o con agua fría) y cocer hasta que la sepia esté tierna. Sazonar con sal e incorporar las patatas peladas y cacheladas y los guisantes.

Bajar el fuego y cocinar hasta que las patatas estén en su punto. Rectificar de sal y servir caliente.

TRUCO

Es importantísimo rehogar la sepia a fuego muy fuerte, porque si no queda dura y poco jugosa.

TORTILLA DE GAMBAS AL AJILLO

INGREDIENTES

8 **huevos**

350 **g de gambas peladas**

4 **dientes de ajo**

1 **cayena**

Aceite de oliva

Sal

ELABORACIÓN

Cortar los ajos en láminas y dorarlos ligeramente junto a la cayena. Incorporar las gambas, salar y retirar del fuego. Escurrir las gambas, los ajos y la cayena.

Calentar bien la sartén con el aceite de los ajos. Batir y salpimentar los huevos. Añadir las gambas y los ajos, y cuajar ligeramente enrollándola sobre sí misma.

TRUCO

Para evitar que la tortilla se pegue a la sartén, calentarla bien antes de añadir el aceite.

PATATAS GUISADAS CON BACALAO

INGREDIENTES

1 kg de patatas

500 g de bacalao desalado

1 l de fumet

2 dientes de ajo

1 pimiento verde

1 pimiento rojo

1 cebolla

Perejil fresco picado

Aceite de oliva

Sal

ELABORACIÓN

Picar finamente la cebolla, los ajos y los pimientos. Sofreír la verdura a fuego lento durante 15 min.

Incorporar las patatas cacheladas (rasgadas, no cortadas) y rehogar 5 min más.

Bañar con el fumet a punto de sal y cocer hasta que las patatas estén casi en su punto. Agregar entonces el bacalao y el perejil, y cocer 5 min. Rectificar de sal y servir caliente.

TRUCO

Se puede añadir antes del fumet 1 vasito de vino blanco y un par de cayenas.

PURÉ DE PATATA

INGREDIENTES

400 g de patatas

100 g de mantequilla

200 ml de leche

1 hoja de laurel

Nuez moscada

Sal y pimienta

ELABORACIÓN

Cocer a fuego medio las patatas lavadas y cortadas con la hoja de laurel hasta que estén tiernas. Escurrir las patatas y pasarlas por un pasapurés.

Hervir la leche con la mantequilla, nuez moscada, sal y pimienta.

Verter por encima de las patatas la leche y batir con una varilla. Rectificar si fuera necesario de lo que carezca.

TRUCO

Incorporar 100 g de parmesano rallado y batir con unas varillas. El resultado es delicioso.

TORTILLA DE HABAS CON MORCILLA

INGREDIENTES

8 **huevos**

400 **g de habas**

150 **g de morcilla**

1 **diente de ajo**

1 **cebolla**

Aceite de oliva

Sal

ELABORACIÓN

Cocer las habas desde agua hirviendo con un poco de sal hasta que estén tiernas. Colar y refrescar con agua fría y hielo.

Cortar finamente la cebolla y el ajo. Rehogar a fuego lento durante 10 min junto con la morcilla con cuidado de que no se rompa. Añadir las habas y cocinar 2 min más.

Batir los huevos y salar. Incorporar las habas y cuajar en una sartén muy caliente.

TRUCO

Para hacer un plato aún más espectacular, quitar la piel a cada una de las habas justo después del refrescado. Quedará una textura más fina.

REVUELTO DE AJETES Y TRIGUEROS

INGREDIENTES

8 **huevos**

100 **g de ajetes**

8 **rebanadas de pan tostado**

8 **espárragos trigueros**

2 **dientes de ajo**

Aceite de oliva

Sal y pimienta

ELABORACIÓN

Picar en rodajas finas los ajetes y los espárragos pelados. Cortar los ajos en láminas y dorarlos ligeramente junto con los ajetes y los espárragos. Salpimentar.

Añadir los huevos batidos sin dejar de remover hasta que estén ligeramente cuajados. Servir el revuelto sobre rebanadas de pan tostado

TRUCO

Los huevos se pueden hacer también en un bol al baño maría a fuego medio sin dejar de remover. Quedarán con una textura melosa.

PATATAS GUISADA CON NÍSCALOS

INGREDIENTES

6 **patatas grandes**

500 **g de níscalos**

1 **cucharadita rasa de pimentón dulce**

1 **diente de ajo**

1 **cebolla**

½ **pimiento verde**

½ **pimiento rojo**

Pimentón picante

Caldo de carne (lo necesario para cubrir)

ELABORACIÓN

Sofreír en trozos pequeños las verduras a fuego lento durante 30 min. Incorporar las patatas cacheladas (rasgadas, no cortadas) y rehogar 5 min. Agregar los níscalos limpios cortados en cuartos y sin tallo.

Rehogar 3 min y añadir el pimentón dulce y una punta del picante. Cubrir con el caldo y poner a punto de sal (debe quedar ligeramente soso). Cocer a fuego bajo y rectificar de sal.

TRUCO

Sacar un par de patatas cocidas con un poco de caldo, triturar e incorporar de nuevo al guiso para que la salsa espese.

TORTILLA DE BOLETUS Y GAMBAS

INGREDIENTES

8 **huevos**

400 **g de boletus limpios**

150 **g de gambas**

3 **dientes de ajo**

2 **cucharadas de aceite de oliva**

Sal y pimienta

ELABORACIÓN

Picar finamente los ajos y dorarlos un poco en una sartén a fuego medio.

Cortar en dados los boletus, subir el fuego y añadir a la sartén de los ajos. Cocinar 3 min. Incorporar las gambas peladas y salpimentadas y pochar 1 min más.

Batir y salar los huevos. Agregar los boletus y las gambas. Calentar muy bien una sartén con 2 cucharadas de aceite y cuajar la tortilla por los dos lados.

TRUCO

Cuando se junten todos los ingredientes, añadir un chorrito de aceite de trufa. Una delicia.

HUEVOS GRATINADOS

INGREDIENTES

8 **huevos**
125 **g de queso parmesano**
8 **lonchas de jamón serrano**
8 **rebanadas de pan tostado**
Salsa besamel (ver apartado Caldos y Salsas)
Vinagre
Sal y pimienta

ELABORACIÓN

Escalfar los huevos en abundante agua hirviendo con sal y un buen chorro de vinagre. Apagar el fuego, tapar la cazuela y esperar 3 o 4 min. Retirar y refrescar con agua y hielo. Sacar con una espumadera y reposar en un papel de cocina.

Repartir el jamón serrano en 4 cazuelas. Poner encima los huevos, salsear con la besamel y espolvorear con el parmesano rallado. Gratinar hasta que el queso se dore.

TRUCO

Se puede hacer con beicon ahumado e incluso con sobrasada.

TORTILLA DE CALABACÍN Y TOMATE

INGREDIENTES

8 **huevos**

2 **tomates**

1 **calabacín**

1 **cebolla**

Aceite de oliva

Sal

ELABORACIÓN

Cortar la cebolla en tiras finas y sofreírla a fuego lento 10 min.

Partir el calabacín y los tomates en rodajas, y dorarlos en una sartén muy caliente. Una vez dorados, cortar los calabacines y los tomates en tiras finas. Juntar con la cebolla y poner a punto de sal.

Batir los huevos y juntar con las verduras. Rectificar de sal. Calentar bien una sartén y semicuajar la tortilla en contacto con toda la superficie de la sartén y luego enrollándola sobre sí misma.

TRUCO

Probar a hacerla con berenjena partida en dados y con besamel de acompañamiento.

PATATAS REVOLCONAS CON TORREZNOS

INGREDIENTES

400 g de patatas

1 cucharada de pimentón

2 lonchas de panceta adobada para torreznos

2 dientes de ajo

Cayena molida

Aceite de oliva

Sal

ELABORACIÓN

Pelar y cocer en una cazuela las patatas hasta que estén bien blandas. Reservar el agua de la cocción.

Mientas, freír con muy poco aceite a fuego lento la carne de la panceta cortada en taquitos durante 10 min o hasta que quede crujiente. Retirar los torreznos.

Sofreír en esa misma grasa los ajos cortados en trocitos pequeños. Sofreír también el pimentón y acto seguido incorporar a la cazuela de las patatas. Poner un poco de sal y una punta de cayena molida.

Machacar con unas varillas y bañar con algo del caldo de la cocción de las patatas si fuera necesario.

TRUCO

Cocer las patatas siempre desde agua fría, así se evita que queden duras o que tarden más en ablandarse.

TORTILLA DE CHAMPIÑONES Y PARMESANO

INGREDIENTES

8 **huevos**

300 **g de champiñones laminados**

150 **g de parmesano rallado**

4 **dientes de ajo**

1 **cayena**

Aceite de oliva

Sal

ELABORACIÓN

Cortar los ajos en láminas y dorarlos ligeramente junto a la cayena. Incorporar los champiñones a fuego fuerte, salar y saltear 2 min. Retirar del fuego. Escurrir los champiñones, los ajos y la cayena.

Calentar bien la sartén con el aceite de los ajos. Batir y salpimentar los huevos, añadir los champiñones, el parmesano rallado y los ajos. Cuajar la tortilla ligeramente, enrollándola sobre sí misma.

TRUCO

Acompañar con una buena salsa de tomate aderezada con comino.

CONEJO AL CHOCOLATE CON ALMENDRAS TOSTADAS

INGREDIENTES

1 conejo

60 g de chocolate negro rallado

1 vaso de vino tinto

1 rama de tomillo

1 rama de romero

1 hoja de laurel

2 zanahorias

2 dientes de ajo

1 cebolla

Caldo de pollo (o agua)

Almendras tostadas

Aceite de oliva virgen extra

Sal y pimienta

ELABORACIÓN

Trocear, salpimentar y dorar el conejo en una olla bien caliente. Retirar y reservar.

En ese mismo aceite rehogar a fuego lento la cebolla, las zanahorias y los dientes de ajo cortados en trozos pequeños.

Añadir la hoja de laurel y las ramas de tomillo y romero. Verter el vino y el caldo, y cocinar a fuego lento durante 40 min. Rectificar de sal y retirar el conejo.

Pasar la salsa por una batidora y volverla a poner en la olla. Añadir el conejo y el chocolate y remover hasta que este se disuelva. Cocinar 5 min más para que se mezclen los sabores.

TRUCO

Terminar con almendras tostadas por encima. Si se añade una cayena o guindilla le da un toque picante.

CRIADILLAS DE CORDERO EMPANADAS A LAS FINAS HIERBAS

INGREDIENTES

12 unidades de criadillas de cordero

1 cucharadita de romero fresco

1 cucharadita de tomillo fresco

1 cucharadita de perejil fresco

Harina, huevo y pan rallado (para rebozar)

Aceite de oliva

Sal y pimienta

ELABORACIÓN

Limpiar las criadillas retirando las dos membranas que las envuelven. Lavar bien con agua y un poco de vinagre, y luego escurrir y secar.

Cortar y salpimentar las criadillas. Mezclar un poco de pan rallado con las hierbas frescas muy picadas. Pasar por harina, huevo y pan rallado, y freír en abundante aceite caliente.

TRUCO

Se puede hacer un rebozado más divertido y creativo sustituyendo el pan rallado por galletas trituradas.

ESCALOPE A LA MILANESA

INGREDIENTES

4 filetes de ternera

150 g de pan rallado

100 g de queso parmesano

2 huevos

Harina

Aceite de oliva

Sal y pimienta

ELABORACIÓN

Salpimentar y enharinar los filetes Pasar por huevo batido y por una mezcla del pan y el parmesano rallados.

Apretar a conciencia para que se quede bien adherido el pan rallado y freír en abundante aceite caliente.

TRUCO

El acompañamiento perfecto de este plato son unos espaguetis con tomate.

ESTOFADO DE CARNE A LA JARDINERA

INGREDIENTES

1 kg de carne de morcillo

100 g de champiñones

1 vaso de vino tinto

3 cucharadas de tomate frito

1 rama de tomillo

1 rama de romero

1 hoja de laurel

2 zanahorias

1 cebolla

2 clavos de olor

1 lata pequeña de guisantes

Caldo de carne (o agua)

Aceite de oliva

Sal y pimienta

ELABORACIÓN

Trocear, salpimentar y dorar la carne a fuego fuerte. Sacar y reservar.

Pochar en ese mismo aceite la cebolla y las zanahorias cortadas en dados pequeños. Incorporar de nuevo la carne y regar con el vino tinto. Dejar que reduzca y agregar el tomate frito, la hoja de laurel, los clavos y las ramas de tomillo y romero.

Cubrir con caldo y guisar hasta que la carne esté tierna. Poco antes de que termine la cocción, añadir los guisantes y los champiñones salteados cortados en cuartos.

TRUCO

Añadir una ramita de canela durante la cocción da al estofado un toque sorprendente.

FLAMENQUINES

INGREDIENTES

8 filetes de jamón o de lomo de cerdo

8 lonchas de jamón serrano

8 lonchas de queso

Harina, huevo y pan rallado (para rebozar)

Aceite de oliva

Sal y pimienta

ELABORACIÓN

Salpimentar y espalmar los filetes. Rellenar con una loncha de jamón y otra de queso y enrollar sobre sí mismos.

Pasar por harina, huevo batido y pan rallado, y freír en abundante aceite caliente.

TRUCO

Para darle un toque más divertido se puede sustituir el pan rallado por cereales o kikos machacados.

FRICANDÓ DE TERNERA

INGREDIENTES

1 kg de filetes de ternera

300 g de setas

250 cl de caldo de ternera

125 cl de brandi

3 tomates

1 cebolla

1 ramillete de hierbas aromáticas (tomillo, romero, laurel...)

1 zanahoria

Harina

Aceite de oliva

Sal y pimienta

ELABORACIÓN

Salpimentar y enharinar la carne. Dorarla en un poco de aceite a fuego medio y retirar.

Sofreír la zanahoria y la cebolla cortadas en trocitos pequeños en el mismo aceite donde se han hecho los filetes. Cuando estén blandas, añadir los tomates rallados. Pochar bien hasta que el tomate haya perdido toda el agua.

Subir el fuego e incorporar las setas. Cocinar 2 min y luego mojar con el brandi. Dejar que se evapore e incorporar de nuevo los escalopines.

Cubrir de caldo y añadir las hierbas. Rectificar de sal y cocer 30 min a fuego suave o hasta que la carne esté tierna. Dejar reposar tapado durante otros 30 min.

TRUCO

Si no es temporada de setas, se puede usar las deshidratadas. El sabor es increíble.

GACHAS CON CHORIZO Y SALCHICHAS

INGREDIENTES

10 salchichas frescas

2 chorizos

4 cucharadas colmadas de harina de trigo duro

1 cucharada de pimentón

1 hígado de cerdo

1 cabeza de ajos

2 dl de aceite de oliva

Sal

ELABORACIÓN

Cortar el chorizo y las salchichas en trozos. Sofreír a fuego medio con el aceite. Retirar y reservar.

Dorar en el mismo aceite el hígado cortado en dados y la mitad de los ajos. Retirar y machacar en un mortero. Reservar.

Freír en el mismo aceite el resto de los ajos partidos en láminas, añadir el pimentón y un poco de harina.

Remover sin parar hasta que la harina deje de estar cruda. Incorporar 7 dl de agua y cocer sin dejar de remover. Añadir el majado del mortero, las salchichas y los chorizos. Rectificar de sal y remover.

TRUCO

Un buen acompañamiento son unos ajetes tiernos a la plancha.

LACÓN CON GRELOS

INGREDIENTES

1 ½ kg de lacón fresco

1 manojo grande de grelos

3 chorizos

2 patatas grandes

1 cebolla mediana

Pimentón (dulce o picante)

Aceite de oliva

Sal

ELABORACIÓN

Cocer el lacón aproximadamente durante 2 h con abundante agua con sal y la cebolla.

Cuando falten 30 min para finalizar la cocción, incorporar los chorizos y las patatas cacheladas gruesas (rasgadas, no cortadas).

Aparte, cocer los grelos desde agua hirviendo durante 10 min. Escurrir y reservar.

Emplatar el lacón, los chorizos, las patatas y los grelos, y espolvorear con pimentón dulce o picante.

TRUCO

Es conveniente cocer los grelos separados porque el agua de la cocción queda amarga.

HÍGADO DE TERNERA EN SALSA DE VINO TINTO

INGREDIENTES

750 g de filetes de hígado de ternera

100 g de harina

75 g de mantequilla

1 l de caldo de carne

400 ml de vino tinto

2 cebollas grandes

Aceite de oliva

Sal y pimienta

ELABORACIÓN

Cocer el vino hasta que reduzca su volumen a la mitad.

Mientras, poner en una cazuela 1 cucharada de mantequilla y otra de harina. Rehogar a fuego lento hasta que la harina se tueste ligeramente. Mojar con el vino y el caldo sin dejar de remover. Cocer 15 min, y rectificar de sal y pimienta.

Salpimentar y enharinar el hígado. Dorar en un poco de aceite por ambas caras. Retirar y reservar.

Sofreír en ese mismo aceite la cebolla picada finamente a fuego lento durante 25 min. Incorporar el hígado y la salsa. Calentar (no hervir) y servir caliente.

TRUCO

Se puede sustituir el vino tinto por uno blanco, por lambrusco, cava, uno dulce, etc.

LIEBRE ESTOFADA

INGREDIENTES

1 liebre

1 l de caldo de carne

½ l de vino tinto

1 ramita de romero

1 ramita de tomillo

4 dientes de ajo

2 tomates

1 cebolla grande

1 zanahoria

1 puerro

Aceite de oliva

Sal y pimienta

ELABORACIÓN

Trocear, salpimentar y dorar la liebre. Retirar y reservar.

Cortar los ajos, la cebolla, la zanahoria y el puerro en trozos pequeños y rehogarlos 20 min en el mismo aceite donde se ha hecho la liebre.

Incorporar los tomates rallados y cocinar hasta que pierdan toda su agua. Volver a meter la liebre.

Bañar con el vino y el caldo, añadir las hierbas aromáticas y guisar a fuego lento aproximadamente 1 h o hasta que la liebre esté tierna.

TRUCO

Se puede macerar durante 24 h la liebre cortada en trozos en el vino y el caldo junto con las hierbas y las verduras cortadas en trocitos pequeños. Al día siguiente escurrir la liebre, reservando los líquidos y las verduras, y cocinar siguiendo los pasos anteriores.

LOMO DE CERDO AL MELOCOTÓN

INGREDIENTES

1 kg de lomo de cerdo entero

1 vaso de caldo de carne

1 sobre de sopa de cebolla deshidratada

1 bote de melocotón en almíbar

Aceite de oliva

Sal y pimienta

ELABORACIÓN

Salpimentar la carne y dorarla en una sartén por todos los lados.

Añadir el melocotón sin el almíbar y el caldo. Cocer a fuego muy lento durante 1 h o hasta que el melocotón se haya casi caramelizado. En ese momento incorporar el sobre de sopa de cebolla y guisar 5 min más.

Retirar el lomo y triturar la salsa. Porcionar el lomo y salsear.

TRUCO

Se puede hacer lo mismo con piña en almíbar e incluso con solomillo de cerdo, pero reduciendo a la mitad el tiempo de cocción.

MAGRO ENTOMATADO

INGREDIENTES

1 kg de magro de cerdo

1 lata de tomate triturado de 800 g

1 ramita de tomillo fresco

1 cebolla grande

2 dientes de ajo

Brandi

Azúcar

Aceite de oliva

Sal y pimienta

ELABORACIÓN

Salpimentar y dorar el magro a fuego fuerte. Retirar la carne y reservar.

Pochar en ese mismo aceite la cebolla y los ajos cortadas en brunoise. Añadir de nuevo el magro y bañar con un chorrito de brandi.

Dejar que reduzca durante 2 min, incorporar la lata de tomate, la rama de tomillo y cocer a fuego lento hasta que el magro esté tierno.

Rectificar de sal y de azúcar, y cocer 5 min más.

TRUCO

También se pueden saltear unas buenas setas e incorpóraselas al guiso.

MANITAS DE CERDO ESTOFADAS

INGREDIENTES

4 manitas de cerdo

100 g de jamón serrano

1 vaso de vino blanco

1 cucharadita pequeña de harina

1 cucharada de pimentón

4 dientes de ajo

2 tomates

2 cebollas

1 hoja de laurel

1 zanahoria

1 cayena

Aceite de oliva

Sal y 10 granos de pimienta

ELABORACIÓN

Cocer las manitas desde agua fría 1 min justo desde el momento que empiecen a hervir. Cambiar de agua y repetir esta operación 3 veces. Luego, guisarlas con 1 cebolla, la zanahoria, 2 dientes de ajo, el laurel, los granos de pimienta y la sal durante 2 ½ h o hasta que la carne se despegue con facilidad del hueso. Reservar el caldo.

Picar fino la otra cebolla y el resto de los ajos. Rehogar unos 10 min junto con el jamón cortado en taquitos y la cayena. Incorporar la harina y el pimentón. Sofreír 10 s y agregar los tomates rallados. Cocinar hasta que pierda toda su agua. Bañar con el vino y guisar a fuego fuerte hasta que reduzca y quede la salsa casi seca. Remover. Mojar con 200 ml del caldo de la cocción de las manitas y seguir removiendo para que no se pegue. Cocer a fuego lento 10 min y rectificar de sal. Deshuesar las manitas, meterlas en la salsa y guisar 2 min más.

TRUCO

Las manitas se pueden rellenar de lo que se quiera. Solo hay que enrollarlas con film transparente y dejarlas enfriar. Luego solo hay que cortarlas en rodajas gruesas, enharinarlas, freírlas y cocinarlas en la salsa.

MIGAS

INGREDIENTES

1 hogaza de pan duro

200 g de chorizo

200 g de jamón

4 pimientos verdes italianos

1 cabeza de ajos

ELABORACIÓN

Cortar la hogaza en taquitos pequeños e hidratar con agua (no debe quedar empapado).

Freír en una sartén grande los ajos machacados sin pelar y reservar. Cortar el chorizo y el jamón y sofreírlos también en la misma sartén. Retirar y reservar.

Rehogar el pan en el mismo aceite donde se ha hecho el chorizo durante 30 min a fuego lento. Remover hasta que el pan quede desmigado pero no seco. Añadir el resto de los ingredientes y volver a remover para que se mezclen las migas con el chorizo y el jamón.

TRUCO

A las migas se les puede acompañar con sardinas, uvas, huevos fritos, etc.

LOMO DE CERDO RELLENO

INGREDIENTES

800 g de lomo de cerdo abierto

200 g de lonchas de jamón serrano

175 g de beicon en lonchas

90 g de frutos secos variados

75 g de manteca de cerdo

750 ml de caldo de carne

150 ml de vino blanco

1 cucharada colmada de maicena

4 huevos

Sal y pimienta

ELABORACIÓN

Salpimentar y pintar el lomo con huevo batido. Rellenar con las lonchas de jamón, de beicon, los frutos secos y 3 huevos cocidos partidos en cuartos.

Cerrar con una malla para carnes y untar con la manteca de cerdo. Dorar por todos los lados en una sartén caliente. Pasar a una bandeja de horno y asar a 180 ºC durante 30 min. Regar cada 5 min con caldo.

Dejar reposar la carne fuera de la bandeja 5 min.

Recuperar los jugos de la bandeja, añadir el vino y calentar todo de nuevo en una cazuela pequeña. Llevar a ebullición e incorporar la maicena diluida en un poco de agua fría. Rectificar de sal y pimienta.

Filetear el lomo y salsear.

TRUCO

El reposo en las carnes es fundamental, ya que favorece que no se pierdan los jugos y que los sabores se homogenicen.

TERNERA A LA CARBONARA

INGREDIENTES

8 filetes de ternera

500 g de cebollas

100 g de mantequilla

½ l de caldo de carne

1 botellín de cerveza

1 hoja de laurel

1 ramita de tomillo

1 ramita de romero

Harina

Aceite de oliva

Sal y pimienta

ELABORACIÓN

Salpimentar y enharinar los filetes. Dorarlos ligeramente por ambos lados en la mantequilla. Retirar y reservar.

Pochar en esa mantequilla las cebollas cortadas en juliana fina. Tapar la cazuela y cocinar a fuego lento durante 30 min.

Incorporar los filetes y la cerveza. Guisar a fuego medio hasta que la salsa quede casi seca.

Bañar con el caldo de carne y echar las hierbas. Cocinar a fuego lento hasta que la carne esté tierna. Rectificar de sal y dejar reposar 20 min fuera del fuego con la cazuela tapada.

TRUCO

Si la carne se cuece en exceso quedará dura y habrá que hacerla durante más tiempo hasta que se ablande de nuevo. Lo mejor es comprobar su dureza cada 5 o 10 min.

MOLLEJAS DE CORDERO CON BOLETUS

INGREDIENTES

500 g de mollejas de cordero

250 g de boletus

1 vasito de vino de Jerez

1 cebolleta

1 diente de ajo

Perejil

Aceite de oliva

Sal y pimienta

ELABORACIÓN

Refrescar las mollejas en abundante agua fría durante al menos 2 h, cambiando el agua 2 o 3 veces. Luego, cocerlas en una cazuela pequeña cubiertas de agua fría. Dejar 10 s desde el primer hervor, sacar y refrescar. Quitar toda la piel y la grasa, y filetear.

Pochar en una sartén caliente la cebolleta y el ajo partidos en trocitos. Subir el fuego e incorporar las mollejas salpimentadas. Rehogar 2 min y agregar los boletus limpios y fileteados. Cocinar 2 min y bañar con el vino. Dejar que reduzca a fuego lento unos 20 min.

TRUCO

El éxito de este plato está en la paciencia para limpiar las mollejas. De otro modo, amargarán y sabrán mal.

OSSOBUCO DE TERNERA A LA NARANJA

INGREDIENTES

8 ossobucos

1 l de caldo de carne

1 vasito de vino blanco

2 cucharadas soperas de vinagre de vino

1 cebolla

1 ramillete de hierbas aromáticas (tomillo, romero, laurel...)

2 zanahorias

2 clavos de olor

½ naranja rallada

Zumo de 2 naranjas

Zumo de ½ limón

1 cucharada de azúcar

Mantequilla

Aceite de oliva

Sal y pimienta

ELABORACIÓN

Juntar en un bol la cebolla cortada en juliana, las zanahorias partidas en trozos pequeños, los zumos, el clavo, las hierbas aromáticas y el vino blanco. Salpimentar los ossobucos y marinar 12 h en esta mezcla. Escurrir y reservar el líquido.

Secar la carne y dorarla a fuego muy fuerte en una cazuela.

Aparte, pochar las verduras del marinado en aceite y añadir los ossobucos. Guisar hasta que quede blanda. Incorporar el líquido reservado y cocer a fuego fuerte durante 5 min. Bañar con el caldo de carne. Tapar y cocer unas 3 h o hasta que el hueso se desprenda con facilidad.

Mientras, hacer un caramelo con el azúcar y el vinagre. Verterlo sobre la salsa. Agregar un poco de mantequilla y la ralladura de naranja. Hervir unos minutos con la carne.

TRUCO

Es importante que la olla donde se doren los ossobucos esté bien caliente para que la carne quede mucho más jugosa.

SALCHICHAS AL VINO

INGREDIENTES

20 salchichas frescas

2 cebollas en juliana

½ l de vino blanco

1 cucharada sopera de harina

2 hojas de laurel

Aceite de oliva

Sal y pimienta

ELABORACIÓN

Dorar las salchichas a fuego fuerte. Sacar y reservar.

Cortar en juliana las cebollas y sofreírlas a fuego lento durante 40 min en el mismo aceite de las salchichas. Echar la harina y rehogar 5 min. Añadir de nuevo las salchichas, bañar con el vino e incorporar las hojas de laurel.

Cocer 20 min hasta que se evapore todo el alcohol y rectificar de sal y pimienta.

TRUCO

Se puede hacer una versión estupenda añadiendo en vez de vino blanco, lambrusco.

PASTEL DE CARNE INGLÉS

INGREDIENTES

800 g de carne picada de ternera

800 g de patatas

2 vasos de vino tinto

1 vaso de caldo de pollo

4 yemas de huevo

4 dientes de ajo

2 tomates medianos maduros

2 cebollas

4 zanahorias

Queso parmesano

Tomillo

Orégano

Aceite de oliva

Sal y pimienta

ELABORACIÓN

Pelar, cortar y cocer las patatas. Reservar. Rallar los ajos, las cebollas y las zanahorias.

Salpimentar y dorar la carne. Luego, incorporar las verduras y dejar que se pochen bien. Agregar los tomates rallados y sofreír. Mojar con el vino y dejar que reduzca. Bañar con el caldo y esperar hasta que la salsa quede casi seca. Echar tomillo y orégano.

Pasar por un pasapurés las patatas, salpimentar y añadir parmesano rallado fino y 4 yemas de huevo.

Poner en un molde la carne bien prieta y colocar encima el puré y el parmesano rallado grueso. Hornear a 175 ºC durante 20 min.

TRUCO

Se puede acompañar con una buena salsa de tomate e incluso una de barbacoa.

REDONDO DE TERNERA BRASEADO

INGREDIENTES

1 redondo de ternera

250 ml de caldo de carne

250 ml de vino blanco

1 rama de tomillo

1 rama de romero

3 dientes de ajo

2 zanahorias

2 cebollas

1 tomate rallado

Aceite de oliva

Sal y pimienta

ELABORACIÓN

Salpimentar el redondo, meterlo en una malla de carne y dorarlo en una cazuela muy caliente. Retirar y reservar.

Pochar en ese mismo aceite las verduras cortadas en trozos pequeños. Una vez blandas, incorporar el tomate rallado y cocinar hasta que pierda toda su agua.

Bañar con el vino y dejar que reduzca hasta ¼ de su volumen. Volver a poner la carne y mojar con el caldo. Añadir las hierbas aromáticas.

Tapar y cocer 90 min o hasta que la carne esté tierna. Dar la vuelta a la mitad de la cocción. Sacar la carne y triturar la salsa. Colar y rectificar de sal.

Filetear la carne y servir el redondo fileteado aderezado con la salsa.

TRUCO

Se puede preparar también en el horno a 180 ºC y dándole la vuelta a la mitad del asado.

RIÑONES AL JEREZ

INGREDIENTES

¾ kg de riñones de cerdo

150 ml de jerez

1 vaso de vinagre

1 cucharada de pimentón

1 cucharada rasa de harina

2 dientes de ajo

1 cebolla

4 cucharadas de aceite de oliva

Sal y pimienta

ELABORACIÓN

Sumergir los riñones limpios y troceados en agua con hielo y 1 vaso de vinagre durante 3 h. Hervir agua en una cazuela y poner la tapa al revés. Colocar encima los riñones y mantener al fuego durante 10 min hasta que pierda líquido e impurezas. Pasado este tiempo, lavar con abundante agua fría.

Picar finamente la cebolla y los ajos. Sofreírlos en aceite a temperatura baja durante 10 min. Subir el fuego e incorporar los riñones salpimentados hasta que estén dorados.

Bajar el fuego y añadir la harina y el pimentón. Rehogar 1 min y bañar con el jerez y 1 dl de agua. Cocer hasta que se evapore todo el alcohol. Rectificar de sal.

TRUCO

Lo importante de esta receta es la limpieza exhaustiva de los riñones.

OSSOBUCO A LA MILANESA

INGREDIENTES

6 ossobucos

250 g de zanahoria

250 g de cebolla

¼ l de vino tinto

1 rama de tomillo

½ cabeza de ajos

1 hoja laurel

1 tomate grande maduro

Fondo de carne

Aceite de oliva

Sal y pimienta

ELABORACIÓN

Salpimentar el ossobuco y dorarlos por ambos lados. Retirar y reservar.

Pochar en ese mismo aceite la zanahoria, la cebolla y los ajos cortados en trocitos pequeños. Salar e incorporar el tomate rallado. Rehogar a fuego fuerte hasta que este pierda toda el agua.

Añadir de nuevo los ossobucos, bañar con el vino y cocer 3 min. Mojar con el fondo hasta que la carne quede cubierta. Incorporar las especias y cocer hasta que la carne se separe del hueso. Rectificar de sal.

TRUCO

Si es posible, macerar todas las verduras con la carne, el vino y las hierbas la noche anterior. La intensidad de sabor será mayor.

SECRETO IBÉRICO CON SALSA CHIMICHURRI CASERA

INGREDIENTES

4 secretos ibéricos

2 cucharadas de vinagre

1 cucharadita de perejil fresco

1 cucharadita de pimentón

1 cucharadita de comino molido

3 hojas de albahaca fresca

3 dientes de ajo

Zumo de ½ limón pequeño

200 ml de aceite de oliva

Sal

ELABORACIÓN

Triturar bien los ajos pelados, el perejil, la albahaca, el pimentón, el vinagre, el comino, el zumo del limón, el aceite y sazonar con sal.

Dorar en una sartén muy caliente los secretos durante 1 min por cada lado. Servir inmediatamente y aderezar con la salsa.

TRUCO

Majar los ingredientes en un mortero hace que los trocitos queden más enteros.

VITELLO TONNATO

INGREDIENTES

1 kg de redondo de ternera

250 g de mahonesa

120 g de atún en lata escurrido

100 ml de vino blanco seco

1 ramita de perejil

1 cucharadita de zumo de limón

1 ramita de apio

1 hoja de laurel

15 alcaparras

8 anchoas

1 cebolla

1 puerro

1 zanahoria

Sal

ELABORACIÓN

Poner 1 ½ l de agua al fuego, añadir las verduras limpias y cortadas en trozos medianos, la sal y el vino. Echar la carne y cocer durante 75 min a fuego lento. Dejar enfriar dentro del agua, escurrir y reservar tapado en el frigorífico. Después, cortar en lonchas muy finitas.

Mientras, preparar una salsa juntando la mahonesa, el atún, las alcaparras, las anchoas y el limón. Remover y verter sobre la carne. Dejar reposar bien tapada en el frigorífico durante 1 h más.

TRUCO

Se puede hacer también asando el redondo al horno durante 90 min.

RABO DE TORO

INGREDIENTES

2 rabos de toro

2 l de caldo de carne

1 l de vino tinto

3 cucharadas de salsa de tomate

1 ramita de tomillo

1 ramita de romero

8 zanahorias

4 ramitas de apio

2 pimientos italianos medianos

2 cebollas medianas

Aceite de oliva

Sal y pimienta

ELABORACIÓN

Cortar las zanahorias, los pimientos, las cebollas y el apio en trozos pequeños y poner las verduras en una cazuela junto con el rabo de toro. Cubrir con el vino y macerar durante 24 h. Colar las verduras y el rabo, y reservar el vino.

Salpimentar y dorar el rabo. Sacar. Rehogar en el mismo aceite las verduras con un poco de sal.

Agregar la salsa de tomate, mojar con el vino y dejar que reduzca a la mitad a fuego fuerte. Incorporar el rabo de toro, el caldo y las hierbas aromáticas. Cocer a fuego lento hasta que la carne se desprenda del hueso fácilmente. Rectificar de sal.

TRUCO

Si a la salsa se le pone una nuez de mantequilla y se bate se obtiene una mezcla con muchísimo brillo que servirá para aderezar cualquier carne.

BROWNIE

INGREDIENTES

150 g de chocolate de cobertura

150 g de azúcar

100 g de mantequilla

70 g de harina

50 g de avellanas

1 cucharadita de levadura

2 huevos

Sal

ELABORACIÓN

Derretir con cuidado en el microondas el chocolate con la mantequilla. Aparte, batir los huevos con el azúcar durante 3 min.

Juntar estas mezclas e incorporar la harina tamizada, una pizca de sal y la levadura. Volver a mezclar. Por último, agregar las avellanas.

Precalentar el horno a 180 ºC. Verter la masa en un molde previamente engrasado y enharinado, y hornear durante 15 min.

TRUCO

Cuando se incorporen las avellanas, poner también unas nubes de golosinas cortadas por la mitad. La sorpresa es divertida.

SORBETE DE LIMÓN A LA MENTA

INGREDIENTES

225 g de azúcar

½ l de zumo de limón

Ralladura de 1 limón

3 claras de huevo

8 hojas de menta

ELABORACIÓN

Calentar a fuego lento ½ l de agua y el azúcar durante 10 min. Incorporar las hojas de menta cortadas en juliana fina, la ralladura y el zumo de limón. Dejar que se enfríe y reservar en el congelador (no debe congelarse del todo).

Montar las claras a punto de nieve y mezclar con el preparado de limón. Volver a congelar y servir.

TRUCO

Si se añade una pizca de sal mientras se montan las claras, resultan más estables y rígidas.

ARROZ CON LECHE ASTURIANO

INGREDIENTES

100 g de arroz

100 g de azúcar

100 g de mantequilla

1 l de leche

2 yemas de huevo

1 rama de canela

Ralladura de 1 limón

Ralladura de 1 naranja

ELABORACIÓN

Cocer a fuego muy lento la leche junto con las ralladuras de los cítricos y la canela. Cuando comience a hervir, echar el arroz y remover de vez en cuando.

Cuando el arroz esté casi blando, añadir el azúcar y la mantequilla. Cocer de 5 a 10 min más.

Incorporar fuera del fuego las yemas y remover para que quede meloso.

TRUCO

Para un resultado aún más sorprendente, poner 1 hoja de laurel durante la cocción.

CUAJADA CASERA CON MIEL Y NUECES

INGREDIENTES

1 l de leche de oveja

4 cucharadas de miel

12 gotas de cuajo de farmacia

Nueces

ELABORACIÓN

Hervir la leche en una cazuela. Retirar al primer hervor. Dejar que repose hasta que esté a temperatura ambiente (unos 28 ºC).

Incorporar el cuajo a la leche sin dejar de remover. Colocar inmediatamente en recipientes individuales y dejar que se enfríe en el frigorífico.

Servir acompañado de miel y nueces.

TRUCO

Para disfrutar de un toque diferente, agregar 1 rama de romero mientras se está cociendo la leche.

BISCUIT DE CAFÉ

INGREDIENTES

175 g de azúcar

½ l de nata para montar

4 dl de café (soluble o de cafetera)

8 yemas de huevo

ELABORACIÓN

Batir en un bol durante 5 min los huevos con el azúcar y el café.

Montar la nata y juntar con la mezcla del café. Luego, congelar al menos 3 h.

TRUCO

Se puede hacer de otros sabores como chocolate, horchata, etc.

TARTA DE MANZANA AMERICANA

INGREDIENTES

300 g de harina

100 g de azúcar

80 g de mantequilla

2 manzanas granny smith

2 manzanas reineta

1 huevo

Canela

ELABORACIÓN

Pelar y cortar las manzanas en láminas finas. Ponerlas en un bol junto con el azúcar y canela al gusto.

Juntar la mantequilla con la harina hasta que quede una textura de arena. Añadir a esa mezcla un poco de agua fría y amasar durante 10 min hasta que no se pegue en las manos.

Estirar la masa con un rodillo y colocar la mitad sobre un molde forrado y previamente enharinado. Poner dentro las láminas de manzana y tapar con la otra mitad de la masa. Sellar como si fueran empanadillas.

Pintar de huevo y hacer un par de incisiones en el centro de la tarta para que salga el vapor. Hornear a 170 ºC hasta que la superficie tenga un bonito color dorado.

TRUCO

Se puede añadir unas pasas en el relleno y especias como jengibre en polvo, clavo molido, etc.

BIZCOCHO DE SOLETILLA

INGREDIENTES

200 g de azúcar

200 g de harina

8 huevos

ELABORACIÓN

Montar por un lado las claras con 100 g de azúcar hasta que estén a punto de nieve.

Por otro, montar las yemas con el resto del azúcar hasta que dupliquen su volumen y queden blanquecinas.

Luego, juntar ambas mezclas con movimientos envolventes y añadir poco a poco la harina tamizada.

Repartir la masa uniformemente en una placa sobre papel sulfurizado y hornear a 180 ºC durante 10 min. Dejar que repose y se enfríe.

TRUCO

Es la base perfecta para infinidad de postres: brazo de gitano, tartas, semifríos, etc.

PROFITEROLES

INGREDIENTES

150 g de harina

100 g de mantequilla

5 huevos (1 de ellos para pintar los profiteroles)

125 ml de leche

1 cucharadita de azúcar

1 cucharadita de sal

ELABORACIÓN

Llevar a ebullición la leche junto con 125 ml de agua, la mantequilla, la sal y el azúcar. Cuando hierva, echar de golpe la harina. Ya fuera del fuego, remover durante 30 s. Volver a ponerlo al fuego y remover 1 min más hasta que la masa no se pegue a las paredes del recipiente.

Verter la masa en un bol e ir añadiendo de uno en uno 4 huevos (no echar el siguiente hasta que el anterior no esté bien mezclado con la masa).

Con una cuchara, hacer montoncitos en una placa sobre papel de sulfurizado (dejar unos 3 cm de espacio entre cada profiterol). Pintar cada uno con el huevo restante.

Hornear a 200 ºC aproximadamente 20 min o hasta que estén dorados.

TRUCO

Se pueden rellenar de nata y ponerles por encima salsa de chocolate.

TARTA TATIN DE MANZANA

INGREDIENTES

1 ½ kg de manzanas reineta

180 g de azúcar

1 lámina de masa de hojaldre

1 limón

ELABORACIÓN

Hacer un caramelo en un recipiente en el horno a 170 ºC con el azúcar, un chorrito de agua y unas gotas de limón. Retirar cuando coja un poco de color. No remover.

Mientras tanto, pelar, descorazonar y cortar las manzanas en rodajas finas o en cuartos. Colocar las láminas sobre el caramelo en forma de abanico sin que quede ningún hueco

Poner a fuego lento, retirar y cubrir con la masa de hojaldre, doblando sus bordes hacia dentro hasta que no se vea nada de la manzana ni del caramelo. Hornear a 190 ºC hasta que esté dorada por encima. Servir templada.

TRUCO

Se puede hacer esta tarta con cualquier fruta. Queda fenomenal con piña o con plátano. Acompañar con una bola de helado de vainilla.

MOUSSE DE CHOCOLATE BLANCO Y NARANJA

INGREDIENTES

250 g de chocolate blanco

400 ml de nata para montar

5 huevos

Ralladura de 1 naranja

ELABORACIÓN

Batir las yemas hasta que tripliquen su volumen. Batir las claras a punto de nieve. Montar la nata con la ralladura de la naranja.

Mezclar las yemas con el chocolate fundido e incorporar la nata. Agregar las claras con movimientos suaves y envolventes.

TRUCO

Para que la nata monte mejor, introducirla antes 30 min en el congelador.

CREMA DE NARANJA

INGREDIENTES

65 g de azúcar

400 ml de leche

2 cucharadas de ron

3 yemas de huevo

1 vaina de vainilla

1 naranja

ELABORACIÓN

Montar las yemas con el azúcar. Incorporar la ralladura y el zumo de la naranja, las semillas de vainilla, el ron y la leche.

Cocer a fuego lento sin parar de remover. Cuando rompa a hervir, batir enérgicamente durante 15 s con unas varillas. Retirar del fuego y seguir batiendo otros 15 s más.

TRUCO

Trocear unas hojas de menta fresca e incorpóraselas por encima.

BIZCOCHO DE YOGUR

INGREDIENTES

375 g de harina

250 g de yogur natural

250 g de azúcar

1 sobre de levadura química

5 huevos

1 naranja pequeña

1 limón

125 g de aceite de girasol

ELABORACIÓN

Batir con la batidora los huevos y el azúcar durante 5 min. Mezclar con los yogures, el aceite, las ralladuras y los zumos de los cítricos.

Tamizar la harina y la levadura y mezclarla con los yogures.

Engrasar y enharinar un molde. Echar la masa y hornear a 165 ºC aproximadamente 35 min.

TRUCO

Utilizar yogures de sabores para hacer bizcochos diferentes.

COMPOTA DE PLÁTANO AL ROMERO

INGREDIENTES

30 g de mantequilla

1 ramita de romero

2 plátanos

ELABORACIÓN

Pelar y trocear en rodajas los plátanos.

Meterlos en una olla, tapar y cocer a fuego muy lento junto con la mantequilla y el romero hasta que el plátano quede como una compota.

TRUCO

Esta compota sirve de acompañamiento tanto para unas chuletas de cerdo como para un bizcocho de chocolate. Se puede añadir 1 cucharada de azúcar durante la cocción para que quede más dulce.

CRÈME BRÛLÉE

INGREDIENTES

100 g de azúcar moreno

100 g de azúcar blanco

400 cl de nata

300 cl de leche

6 yemas de huevo

1 vaina de vainilla

ELABORACIÓN

Abrir la vaina de vainilla y extraer los granos.

Batir en un bol la leche con el azúcar blanco, las yemas, la nata y los granos de vainilla. Rellenar moldes individuales con esta mezcla.

Precalentar el horno a 100 ºC y hornear al baño maría durante 90 min. Una vez frío, espolvorear con azúcar moreno y quemar con soplete (o precalentar el horno al máximo en modo grill y hornear hasta que se queme ligeramente el azúcar).

TRUCO

Incorporar a la nata o a la leche 1 cucharada de cacao soluble para conseguir una deliciosa crème brûlée de cacao.

BRAZO DE GITANO RELLENO DE NATA

INGREDIENTES

250 g de chocolate

125 g de azúcar

½ l de nata

Bizcocho de soletilla (ver apartado Postres)

ELABORACIÓN

Hacer un bizcocho de soletilla. Rellenar con la nata montada y enrollar sobre sí mismo.

Lleva a ebullición en una cazuela el azúcar junto con 125 g de agua. Echar el chocolate, derretirlo durante 3 min sin dejar de remover y cubrir con él el brazo de gitano. Dejar que repose antes de servir.

TRUCO

Para disfrutar de un postre aún más completo y delicioso, añadir a la nata frutas en almíbar cortadas en trocitos.

FLAN DE HUEVO

INGREDIENTES

200 g de azúcar

1 l de leche

8 huevos

ELABORACIÓN

Hacer a fuego lento y sin remover un caramelo con el azúcar. Cuando adquiera color tostado, retirar del fuego. Repartir en flaneras individuales o en cualquier molde.

Batir la leche y los huevos evitando la aparición de espuma. Si apareciera antes de ponerlo en los moldes, retirarla por completo.

Verter sobre el caramelo y hornear al baño maría a 165 ºC durante 45 min aproximadamente o hasta que al pincharlo con una aguja, esta salga limpia.

TRUCO

Esta misma receta sirve para hacer un delicioso pudin. Solo hay que añadir a la mezcla sobrantes de cruasanes, magdalenas, bizcochos... del día anterior.

GELATINA DE CAVA CON FRESAS

INGREDIENTES

500 g de azúcar

150 g de fresas

1 botella de cava

½ paquete de hojas de gelatina

ELABORACIÓN

Calentar en una olla el cava y el azúcar. Incorporar fuera del fuego la gelatina previamente hidratada en agua fría.

Servir en copas de Martini junto con las fresas y reservar en el frigorífico hasta que cuaje.

TRUCO

Se puede hacer también con cualquier vino dulce y con frutos rojos.

BUÑUELOS DE VIENTO

INGREDIENTES

150 g de harina

30 g de mantequilla

250 ml de leche

4 huevos

1 limón

ELABORACIÓN

Llevar a ebullición la leche y la mantequilla junto con la piel del limón. Cuando hierva, retirar la piel y echar de golpe la harina. Apagar el fuego y remover durante 30 s.

Volver a ponerlo al fuego y mover otro minuto más hasta que la masa no se pegue a las paredes del recipiente.

Verter la masa en un bol y echar de uno a uno los huevos (no añadir el siguiente hasta que el anterior no esté bien mezclado con la masa).

Con ayuda de una manga pastelera o con 2 cucharas, freír los buñuelos en pequeñas porciones

TRUCO

Se puede rellenar de crema, nata, chocolate, etc.

COCA DE SAN JUAN

INGREDIENTES

350 g de harina

100 g de mantequilla

40 g de piñones

250 ml de leche

1 sobre de levadura en polvo

Ralladura de 1 limón

3 huevos

Azúcar

Sal

ELABORACIÓN

Tamizar la harina y la levadura. Mezclar y hacer un volcán. Echar en el centro la ralladura, 110 g de azúcar, la mantequilla, la leche, los huevos y una pizca de sal. Amasar bien hasta que la masa no se pegue en las manos.

Estirar con un rodillo hasta que quede rectangular y fina. Colocar en una placa sobre papel sulfurizado y dejar fermentar durante 30 min.

Pintar la coca con huevo, espolvorear los piñones y 1 cucharada de azúcar. Hornear a 200 ºC aproximadamente 25 min.

TRUCO

Es mejor comerla fría. Añadir por encima unos trozos de fruta escarchada antes de hornearla. El resultado es fantástico.

COPA DE COMPOTA DE PERA CON QUESO MASCARPONE

INGREDIENTES

400 g de peras

250 g de queso mascarpone

50 g de azúcar glas

50 g de azúcar blanquilla

1 dl de ron

½ cucharadita de canela en polvo

4 clavos de olor

ELABORACIÓN

Pelar y cortar las peras. Ponerlas en un recipiente y echar el licor y los clavos. Cubrir de agua y cocer durante 20 min o hasta que estén blandas. Colar y triturar.

Volver a poner al fuego el puré de pera con el azúcar y la canela, y cocinar unos 10 min.

Aparte, mezclar el mascarpone con el azúcar glas.

Repartir la compota fría en 4 copas y poner por encima el queso.

TRUCO

A la mezcla del mascarpone con el azúcar glas, se le puede añadir ralladura de limón y unas cucharadas de limoncello. El resultado es delicioso.

COULANT DE CHOCOLATE

INGREDIENTES

250 g de cobertura de chocolate

250 g de mantequilla

150 g de azúcar

100 g de harina

6 yemas de huevo

5 huevos enteros

Bola de helado (opcional)

ELABORACIÓN

Derretir el chocolate y la mantequilla en el microondas. Mientras, batir las yemas y los huevos. Añadir los huevos a la mezcla de chocolate.

Tamizar la harina y juntarla con el azúcar. Incorporar el chocolate y los huevos, y batir.

Engrasar y enharinar moldes individuales y llenarlos con la mezcla anterior a las ¾ partes de su capacidad. Reservar en el frigorífico durante 30 min.

Precalentar el horno a 200 ºC y hornear al menos 6 min. Tiene que quedar derretido por dentro y cuajado por fuera.

Servir caliente, acompañado de una bola de helado.

TRUCO

Incorporar a la masa un plátano troceado y crema de avellanas. Una delicia.

TARTA DE ZANAHORIA Y QUESO

INGREDIENTES

360 g de harina

360 g de azúcar

2 cucharaditas de levadura en polvo

8 huevos grandes

5 zanahorias grandes

1 naranja

Nueces

Pasas

Queso de untar

Azúcar glas

Aceite de girasol

ELABORACIÓN

Precalentar el horno a 170 ºC.

Pelar, picar y cocer las zanahorias hasta que estén bien tiernas. Triturar junto a los huevos, el zumo de ½ naranja, la ralladura de la naranja, el azúcar y un chorrito de aceite de girasol.

Mezclar la levadura con la harina, el azúcar y tamizar con un colador.

Juntar la masa batida con la mezcla de harina. Incorporar nueces picadas y pasas, y remover bien.

Engrasar y enharinar un molde. Verter la masa y hornear durante 45 min o hasta que al pinchar con una aguja, esta salga limpia.

Dejar que se enfríe y poner por encima una capa de queso mezclada con azúcar glas.

TRUCO

También se puede añadir canela, jengibre, clavo, etc. Sorprenderá el resultado.

CREMA CATALANA

INGREDIENTES

200 g de azúcar

45 g de almidón de maíz

1 l de leche

8 yemas de huevo

1 rama de canela

Ralladura de 1 limón

ELABORACIÓN

Cocer a fuego lento casi toda la leche con la canela y la ralladura del limón.

Mientras, batir las yemas con el azúcar y el resto de la leche sin calentar.

Mezclar la leche caliente con las yemas y cocer a fuego lento. Remover constantemente con unas varillas hasta la primera ebullición. Retirar entonces del fuego y seguir batiendo otros 2 min más.

Servir en cazuelas de barro y dejar que se enfríe. A la hora de llevar a la mesa, espolvorear azúcar por encima y quemar con una pala o con soplete.

TRUCO

Se puede sustituir la leche por horchata. Queda una crema catalana de horchata espectacular.

TORRIJAS

INGREDIENTES

1 barra de pan de 3 o 4 días

2 l de leche

3 huevos

Piel de 1 limón

Canela en rama

Canela en polvo

Azúcar

Aceite de oliva

ELABORACIÓN

Cocer la leche con la canela en rama y la piel del limón junto con 3 cucharadas de azúcar. Cuando rompa a hervir, tapar y dejar que repose durante 15 min.

Cortar el pan en rodajas y colocarlo sobre una placa. Colar la leche encima del pan para que empape.

Escurrir las torrijas, rebozar en huevo batido y freír por ambos lados. Sacar del aceite, escurrir y pasar por azúcar y canela.

TRUCO

Se puede terminar con 1 cucharada de vino dulce por encima.

CREMA PASTELERA

INGREDIENTES

65 g de azúcar

20 g de maicena

250 ml de leche

3 yemas de huevo

ELABORACIÓN

Hervir casi toda la leche.

Mientras, juntar el resto de la leche que queda con las yemas, el azúcar y la maicena. Remover bien hasta que desaparezcan los grumos.

Añadir la mezcla de los huevos a la leche hirviendo. Batir hasta que retome el hervor y seguir removiendo otros 15 s enérgicamente.

Retirar del fuego y batir 15 s más. Dejar que se enfríe y reservar en el frigorífico.

TRUCO

Es la base de innumerables postres, y sus variables son casi infinitas.

FLAN DE COCO MELOCOTÓN

INGREDIENTES

65 g de coco rallado

½ l de leche

4 cucharadas de azúcar

4 huevos

4 mitades de melocotón en almíbar

1 bote pequeño de leche condensada

ELABORACIÓN

Hacer a fuego lento y sin remover un caramelo con el azúcar. Cuando adquiera color tostado, retirar del fuego. Repartir en flaneras individuales.

Triturar el coco con la leche condensada, los huevos, el melocotón y la leche. Verter sobre el caramelo y hornear durante 35 min a 175 ºC o hasta que al pincharlo con una aguja, esta salga limpia.

TRUCO

Añadir a la masa unos trocitos de magdalena.

FONDUE DE CHOCOLATE BLANCO Y FRUTAS

INGREDIENTES

500 g de chocolate blanco

100 g de avellanas

¼ l de leche

¼ l de nata

8 fresas

2 plátanos

ELABORACIÓN

Cocer la nata y la leche. Incorporar fuera del fuego el chocolate hasta que se derrita. Agregar las avellanas picadas.

Cortar las frutas en trozos regulares y emplatar en un bol pequeño junto con la crema de chocolate.

TRUCO

Si no lo van a comer los niños, mojar con un chorrito de ron.

FRUTOS ROJOS AL VINO DULCE CON MENTA

INGREDIENTES

550 g de frutos rojos

50 g de azúcar

2 dl de vino dulce

5 hojas de menta

ELABORACIÓN

Cocer en una cazuela los frutos rojos, el azúcar, el vino dulce y las hojas de menta durante 20 min.

Dejar que repose en el mismo recipiente hasta que se enfríe y servir en boles individuales.

TRUCO

Triturar y acompañar de helado de nata y unas galletas de chocolate en trozos.

INTXAURSALSA (CREMA DE NUECES)

INGREDIENTES

125 g de nueces peladas

100 g de azúcar

1 l de leche

1 rama pequeña de canela

ELABORACIÓN

Hervir la leche con la canela e incorporar el azúcar y las nueces trituradas.

Cocer a fuego lento durante 2 h y dejar que se enfríe antes de servir.

TRUCO

Tiene que quedar con una consistencia como la del arroz con leche.

LECHE MERENGADA

INGREDIENTES

175 g de azúcar

1 l de leche

Piel de 1 limón

1 rama de canela

3 o 4 claras

Canela en polvo

ELABORACIÓN

Calentar a fuego lento la leche con la rama de canela y la piel del limón hasta que rompa a hervir. Añadir inmediatamente el azúcar y cocer 5 min más. Reservar y dejar que se enfríe en el frigorífico.

Cuando este frío, montar a punto de nieve las claras y unir a la leche con movimientos envolventes. Servir con canela en polvo.

TRUCO

Para obtener un granizado insuperable, reservar en el congelador e ir raspando cada hora con un tenedor hasta que esté completamente congelado.

LENGUAS DE GATO

INGREDIENTES

350 g de harina floja

250 g de mantequilla punto pomada

250 g de azúcar glas

5 claras de huevo

1 huevo

Esencia de vainilla

Sal

ELABORACIÓN

Añadir a un bol la mantequilla, el azúcar glas, una pizca de sal y un poco de esencia de vainilla. Batir bien y agregar el huevo. Seguir batiendo y agregar las claras de una en una sin dejar de batir. Echar la harina de golpe sin varillar mucho.

Reservar la crema en una manga con boquilla lisa y hacer tiras de unos 10 cm. Golpear la placa contra la mesa para que la masa se extienda y hornear a 200 ºC hasta que los extremos estén dorados.

TRUCO

Incorporar a la masa 1 cucharada de coco en polvo para hacer unas lenguas de gato diferentes.

MAGDALENAS DE NARANJA

INGREDIENTES

220 g de harina

200 g de azúcar

4 huevos

1 naranja pequeña

1 sobre levadura química

Canela en polvo

220 g de aceite de girasol

ELABORACIÓN

Juntar los huevos con el azúcar, la canela y la ralladura y el zumo de la naranja.

Añadir el aceite y mezclar. Agregar la harina y la levadura tamizadas. Dejar que repose esta mezcla 15 min y verter en moldes de magdalenas.

Precalentar el horno a 200 ºC y hornear durante 15 min hasta que estén hechas.

TRUCO

Se puede incorporar a la masa perlitas de chocolate.

MANZANAS ASADAS AL OPORTO

INGREDIENTES

80 g de mantequilla (en 4 trozos)

8 cucharadas de oporto

4 cucharadas de azúcar

4 manzanas reinetas

ELABORACIÓN

Descorazonar las manzanas. Rellenar con el azúcar y poner la mantequilla por encima.

Hornear durante 30 min a 175 ºC. Pasado ese tiempo, rociar cada manzana con 2 cucharadas de oporto y hornear otros 15 min más.

TRUCO

Servir tibias con una bolita de helado de vainilla y salsear con el jugo que soltaron.

MERENGUE COCIDO

INGREDIENTES

400 g de azúcar granillo

100 g de azúcar glas

¼ l de claras de huevo

Gotas de zumo de limón

ELABORACIÓN

Batir las claras con el zumo de limón y el azúcar al baño maría hasta que estén bien montadas. Retirar del fuego y seguir batiendo (a medida que pierda temperatura, el merengue se hará más denso).

Añadir el azúcar glas y continuar batiendo hasta que el merengue esté totalmente frío.

TRUCO

Se puede utilizar para cubrir tartas y hacer decoraciones. No sobrepasar los 60 ºC para que la clara no se cuaje.

NATILLAS

INGREDIENTES

170 g de azúcar

1 l de leche

1 cucharada sopera de maicea

8 yemas de huevo

Piel de 1 limón

Canela

ELABORACIÓN

Hervir la leche con la piel del limón y la mitad del azúcar. Tapar en cuanto hierva y dejar que repose fuera del fuego.

Aparte, batir en un bol las yemas con el resto del azúcar y la maicena. Incorporar una cuarta parte de la leche hervida y seguir removiendo.

Agregar la mezcla de la yema al resto de la leche y cocer sin parar de remover.

En el primer hervor, batir con unas varillas durante 15 s. Retirar del fuego y seguir batiendo 30 s más. Colar y dejar que repose en frío. Espolvorear con canela.

TRUCO

Para hacer natillas de sabores —chocolate, galletas trituradas, café, coco rallado, etc.— solo es necesario incorporar el sabor deseado fuera del fuego y en caliente.

PANNA COTTA DE CARAMELOS VIOLETA

INGREDIENTES

150 g de azúcar

100 g de caramelos violeta

½ l de nata

½ l de leche

9 hojas de gelatina

ELABORACIÓN

Hidratar desde agua fría las hojas de gelatina.

Calentar en un cazo la nata, la leche, el azúcar y los caramelos hasta que estos se derritan.

Ya fuera del fuego, añadir la gelatina y remover hasta que se disuelva por completo.

Verter en moldes y reservar en el frigorífico al menos durante 5 h.

TRUCO

Se puede variar esta receta incorporando caramelos de café, de toffee, etc.

GALLETAS DE CÍTRICOS

INGREDIENTES

220 g de mantequilla pomada

170 g de harina

55 g de azúcar glas

35 g de almidón de maíz

5 g de ralladura de naranja

5 g de ralladura de limón

2 cucharadas de zumo de naranja

1 cucharada de zumo de limón

1 clara de huevo

Esencia de vainilla

ELABORACIÓN

Mezclar muy despacio la mantequilla, la clara de huevo, el zumo de naranja, el de limón, las ralladuras de los cítricos y una pizca de esencia de vainilla. Remover y añadir la harina y el almidón de maíz tamizados.

Meter la masa en una manga con boquilla rizada y dibujar sobre papel sulfurizado aros de 7 cm. Hornear durante 15 min a 175 ºC.

Espolvorear sobre las galletas azúcar glas.

TRUCO

Agregar a la masa clavo molido y jengibre. El resultado es excelente.

PASTAS DE MANGA

INGREDIENTES

550 g de harina floja

400 g de mantequilla pomada

200 g de azúcar glas

125 g de leche

2 huevos

Esencia de vainilla

Sal

ELABORACIÓN

Varillar la harina, el azúcar, una pizca de sal y otra de esencia de vainilla. Añadir de uno en uno los huevos no muy fríos. Bañar con la leche ligeramente tibia e incorporar la harina tamizada.

Meter la masa en una manga con boquilla rizada y echar un poco sobre papel sulfurizado. Hornear a 180 ºC durante 10 min.

TRUCO

Se puede añadir almendra granillo por fuera, bañarlas en chocolate o pegarles guindas.

PERAS AL VINO

INGREDIENTES

300 ml de un buen vino tinto

250 g de azúcar

4 peras

1 rama de canela

1 piel de limón

1 piel de naranja

ELABORACIÓN

Hacer un almíbar en una cazuela pequeña con ½ l de agua y el azúcar. Cocer a fuego lento durante 15 min. Pasado este tiempo, agregar el vino, las pieles de los cítricos y la canela.

Pelar las peras y cocer en el vino con la cazuela tapada durante 20 min o hasta que estén tiernas. Retirar del fuego y dejar que se enfríen dentro del líquido.

TRUCO

Se puede hacer con vino dulce, con vino blanco e incluso con lambrusco.

TARTA ALASKA

INGREDIENTES

Bizcocho de soletilla (ver apartado Postres)

100 g de azúcar

8 claras de huevo

300 g de bloque de helado

100 g de fruta en almíbar

ELABORACIÓN

Hacer un bizcocho de soletilla y dejar que se enfríe.

Preparar un almíbar con 200 ml de agua y 50 g de azúcar. Cocer 5 min a fuego medio alto.

Montar a punto de nieve las 8 claras y cuando estén casi montadas añadir el resto del azúcar.

Echar poco a poco y sin dejar de batir el almíbar encima de las claras. Seguir batiendo hasta que el merengue no esté caliente.

Poner el helado congelado encima del bizcocho y la fruta encima del helado. Cubrir con el merengue y hornear 1 min a temperatura fuerte hasta que la parte de arriba quede dorada.

TRUCO

Montar y hornear la tarta en el último momento. El contraste de temperatura sorprenderá. Añadir una pizca de sal a las claras para que el merengue sea más estable.

PUDIN

INGREDIENTES

300 g de azúcar

1 l de leche

8 huevos

Bollería (magdalenas, cruasanes rellenos, etc.)

Vinagre

ELABORACIÓN

Hacer el caramelo con 100 g de azúcar, 1 vasito de agua y un chorrito de vinagre. En cuanto empiece a tener color, retirar del fuego y reservar.

Batir los huevos con el resto del azúcar y la leche (no debe hacer espuma; si saliera algo, retirar).

Verter el caramelo en la base de un molde. Echar luego la mezcla de los huevos, agregar la bollería y dejar que se empape.

Hornear al baño maría a 170 ºC durante 45 min o hasta que al meter una aguja en el centro del pudin, salga seca. Dejar que se enfríe antes de comer.

TRUCO

Poner unas perlitas de chocolate a la masa antes de hornear. Al derretirse, aporta un sabor delicioso.

CARACOLES CON JAMÓN Y NÍSCALOS

INGREDIENTES

500 **g de caracoles**

500 **g de níscalos**

200 **g de jamón serrano en dados**

200 **ml de salsa de tomate**

1 **vaso de vino blanco**

1 **cucharada de pulpa de pimiento choricero**

1 **cucharadita de perejil fresco picado**

1 **hoja de laurel**

2 **dientes de ajo**

1 **cebolleta**

1 **cayena**

ELABORACIÓN

Limpiar los caracoles con agua fría y sal hasta que dejen de soltar babas.

Introducirlos en agua fría con sal y contar 8 min desde que empiecen a hervir.

Picar finamente la cebolleta y los ajos. Pochar a fuego bajo junto con el jamón. Añadir los níscalos cortados en trozos y saltear a fuego vivo 2 min.

Bañar con el vino y dejar que reduzca. Agregar la pulpa del pimiento choricero, el tomate y la guindilla. Añadir por último los caracoles y el laurel, y cocer 10 min aproximadamente. Terminar con el perejil picado.

TRUCO

No es necesario añadir en ningún momento sal, ya que los caracoles tienen un sabor fuerte y el jamón ya es salado.

www.ingramcontent.com/pod-product-compliance
Lightning Source LLC
Chambersburg PA
CBHW071821080526
44589CB00012B/878